Edition Rosenberger

Die „Edition Rosenberger" versammelt praxisnahe Werke kompetenter Autoren rund um die Themen Führung, Beratung, Personal- und Unternehmensentwicklung. Alle Werke in der Reihe erschienen ursprünglich im Rosenberger Fachverlag, gegründet von dem Unternehmens- und Führungskräfteberater Dr. Walter Rosenberger, dessen Programm Springer Gabler 2014 übernommen hat.

Bernd F. Pelz · Regina Mahlmann

Erfolgsplanung KMU

Souveräne Unternehmensführung
durch systemische Erneuerung
Ein Instrument für die Praxis

Bernd F. Pelz
Bornheim, Deutschland

Regina Mahlmann
Köln, Deutschland

Bis 2014 erschien der Titel im Rosenberger Fachverlag, Leonberg.

Edition Rosenberger
ISBN 978-3-658-07929-1   ISBN 978-3-658-07930-7 (eBook)
DOI 10.1007/978-3-658-07930-7

Die Deutsche Nationalbibliothek verzeichnet diese Publikation in der Deutschen Nationalbibliografie; detaillierte bibliografische Daten sind im Internet über http://dnb.d-nb.de abrufbar.

Springer Gabler
© Springer Fachmedien Wiesbaden, Nachdruck 2015
Ursprünglich erschienen bei Rosenberger Fachverlag, Leonberg, 2006
Das Werk einschließlich aller seiner Teile ist urheberrechtlich geschützt. Jede Verwertung, die nicht ausdrücklich vom Urheberrechtsgesetz zugelassen ist, bedarf der vorherigen Zustimmung des Verlags. Das gilt insbesondere für Vervielfältigungen, Bearbeitungen, Übersetzungen, Mikroverfilmungen und die Einspeicherung und Verarbeitung in elektronischen Systemen.
Die Wiedergabe von Gebrauchsnamen, Handelsnamen, Warenbezeichnungen usw. in diesem Werk berechtigt auch ohne besondere Kennzeichnung nicht zu der Annahme, dass solche Namen im Sinne der Warenzeichen- und Markenschutz-Gesetzgebung als frei zu betrachten wären und daher von jedermann benutzt werden dürften.
Der Verlag, die Autoren und die Herausgeber gehen davon aus, dass die Angaben und Informationen in diesem Werk zum Zeitpunkt der Veröffentlichung vollständig und korrekt sind. Weder der Verlag noch die Autoren oder die Herausgeber übernehmen, ausdrücklich oder implizit, Gewähr für den Inhalt des Werkes, etwaige Fehler oder Äußerungen.

Gedruckt auf säurefreiem und chlorfrei gebleichtem Papier

Springer Fachmedien Wiesbaden ist Teil der Fachverlagsgruppe Springer Science+Business Media
(www.springer.com)

Inhalt

Abbildungen IV

Vorwort
Von Nichts kommt Nichts oder: Wer denkt ein Unternehmen? V
Unsere Ansprechpartner VII

1 Bewährungsproben und Aktualität
des Erfolgsplanungssystems (EPS) 1
Bewährungsproben 1
Aktualität 3

2 Für welche Anlässe das EPS Hilfe bietet 9
Beispiele aus der Praxis: 9
Fusion, Sanierung, Joint Venture,
Ergebnisverbesserung, Restrukturierung, Karriereentwicklung,
Hilfe für den Beirat
Analogie: Spiel und Unternehmen 12

3 Wie die Hilfe aussieht:
Die Systematik des Erfolgsplanungssystems 19
Kontextualität von Unternehmen und Kultur 19
Makrotrends 20
Kommunikation und Führungswissen 22
Die acht Schritte der Erfolgsplanung 24

4 Konkrete Einblicke in die Praxis des Erfolgsplanungssystems:
Das EPS in Aktion 31
Lage des Unternehmens (Schritte 1 und 2) 31
Bewusstseinsbildung 31
Schaffen der kommunikativen Basis 32
    Fall 1: Großhandel 35
    Fall 2: Büromöbelhersteller 38
    Fall 3: Werkleiter 39

Definition von Verantwortung und Kennzahlen (Schritt 3) 41
Verantwortung 41

Ermittlung von Kennzahlen 43
   Fall 1: Großhandel 45
   Fall 2: Büromöbelhersteller 47
   Fall 3: Werkleiter 49

Festlegung der Ziele und Akzeptanz der Veränderung
(Schritte 4 und 5) 51
   Fall 1: Großhandel 54
   Fall 2: Büromöbelhersteller 57
   Fall 3: Werkleiter 58

Umsetzbarkeit der Ziele und Lernen, Lehren, Üben
(Schritte 6 und 7) 60
   Fall 1: Großhandel 64
   Fall 2: Büromöbelhersteller 66
   Fall 3: Werkleiter 67

Abgestimmtes Handeln und Synchronisation (Schritt 8) 69
   Fall 1: Großhandel 70
   Fall 2: Büromöbelhersteller 71
   Fall 3: Werkleiter 73

5 **Sicherung der Nachhaltigkeit der Erfolgsplanung** 75
  Kommunikation und Synchronisation der Planungsprozesse 75
   Fall 1: Großhandel 80
   Fall 2: Büromöbelhersteller 81
   Fall 3: Werkleiter 83

6 **Im Hintergrund: Systemisch-evolutionäre Leitideen** 87
  Der Wandel im Verständnis von Unternehmen und Führung 87
  These 1
  Manager wissen zu wenig über die Funktionsweise
  sozialer Systeme 93
  These 2
  Management von Unternehmen braucht ein systemisch-
  evolutionäres Verständnis von „Lenken" und „Kooperieren" 94
  These 3
  Wirksame Unternehmensführer nutzen Steuerungsmechanismen
  sozialer Systeme 95

These 4
Soziale Systeme sind komplex 97
These 5
Soziale Systeme zeichnen sich aus durch verschachtelte Regelsysteme und den Hang zur Geschlossenheit 99
These 6
Soziale Systeme sind wie psychische Systeme
sinnhaft konstituiert 100
These 7
Soziale Systeme wehren sich gegen Veränderung 102

Nachwort 107
Das Unternehmen als Organismus oder:
Wie bewege ich eine Organisation? 107

Anhang für die Praxis 111
Definition von Verantwortlichkeiten 111
Ermittlung von Kennzahlen 116
Vorbereitung zur Erfolgsplanung (Praxisbeispiel) 120
Die Abteilungs-Erfolgsplanung 127

Knapp kommentiertes Literaturverzeichnis 131
Zu den Autoren 133

Abbildungen

Abb. 1 Kontextualität von Unternehmen und Kultur 19
Abb. 2 Das Ganze ist mehr als die Summe seiner Teile 22
Abb. 3 Kommunikation nach außen und nach innen 23
Abb. 4 Führungswissen 24
Abb. 5 Das Kommunikations- und Führungssystem
 der Erfolgsplanung 25
Abb. 6 Kommunikations- und Informationsstrukturen 29
Abb. 7 Regelmäßige Kommunikation über zwei Führungsebenen .. 29
Abb. 8 Gemeinsame Ziele – gemeinsamer Erfolg 30
Abb. 9 Synchronisation der Planungsprozesse im Jahresablauf 79
Abb. 10 Wollen – Wissen – Können 80
Abb. 11 Schema zur Erstellung der Erfolgsplanung 130

Vorwort

Von Nichts kommt Nichts oder: Wer denkt ein Unternehmen?

Die meisten mittelständischen Unternehmen entstehen, weil jemand eine gute Idee hat oder ein besonderes Können besitzt, für das zum Zeitpunkt der Gründung ein Bedarf oder eine Nachfrage existiert. Es passen also Wissen und Können zur Nachfrage wie ein Schlüssel zum Schloss.

Mit zunehmendem Erfolg wächst das Unternehmen, neue Mitarbeiter werden eingestellt, Betriebsstätten werden erweitert, Strukturen und Abläufe geändert und neu geordnet. Die Komplexität wächst. Um die Komplexität auch auf der Verhaltensebene zu beherrschen, werden Normen und Routinen formell eingeführt. Das heißt, das Unternehmen gibt sich – normalerweise unter Federführung des Unternehmers – Regeln für die Abläufe im Unternehmen. Damit nimmt auch der administrative Aufwand zu.

Beim weiteren Ausbau des Unternehmens beschäftigt sich der Unternehmer mit Fragen der Finanzierung des Wachstums und, weil Erfolg Nachahmer zeugt, mit Fragen des Wettbewerbs. Er entscheidet, auf Grund zunehmenden Wettbewerbs das Produktsortiment zu erweitern und das Dienstleistungsangebot auszubauen. Das hat innerhalb des Unternehmens durchaus seinen Preis. In der Folge des Ausbaus der Marktpräsenz nimmt erfahrungsgemäß die innerbetriebliche Transparenz ab, insbesondere in Bezug auf die Kosten der Produkte und Dienstleistungen sowie hinsichtlich der Tätigkeit der Mitarbeiter. Mit anderen Worten: Die Lage wird für alle Beteiligten unübersichtlich, und die Wahrscheinlichkeit von Fehlleistungen – etwa mangelnde Abstimmung von Aktivitäten einzelner Einheiten – wird immer wahrscheinlicher. Im günstigsten Fall hat noch einer den Überblick: der Unternehmer.

Doch der ist nicht ewig präsent. Irgendwann kommt der Zeitpunkt, an dem der Gründer die Führung des Unternehmens in andere Hände legt. Das ist bekanntermaßen ein außerordentlich heikler Moment für ein mittelständisches Unternehmen. Denn gleichgültig, wem der Gründer oder

Unternehmensführer die Leitung des Unternehmens überträgt, ob vertrauten Mitarbeitern oder einem neuen Management, es ändern sich zwangsläufig wesentliche Elemente in der Führung des Unternehmens.

Die zentrale Person, die das Wollen, Wissen und Können des Unternehmens verkörpert, ist nicht mehr da. Und damit fehlt die Person, die das Unternehmen „denkt". In der subjektiven Wahrnehmung der Mitarbeiter fehlt indes nicht nur plötzlich die Person, die allem Richtung gibt, sondern sozusagen auch das (durch sie verkörperte) Führungssystem.

Aber: Um Erfolg zu haben, benötigt ein Unternehmen ein Führungssystem. Denn seine Funktion besteht wesentlich darin, Orientierung zu geben, Leitplanken für Strukturen, Abläufe und Verhaltensspielräume zu definieren und Verhaltensnormen zu transportieren.

Der oder die Nachfolger müssen folglich dafür sorgen,

- dasjenige Wollen, Wissen und Können verfügbar zu machen, das bis dato vor allem in der Persönlichkeit des Unternehmers verborgen war,
- dieses Wollen, Wissen und Können unternehmensweit zu streuen und zu kanalisieren,
- Strukturen, Abläufe, Kompetenzen, Lehren und Lernen effektiv und effizient zu gestalten, sodass sie das Unternehmen weiterhin auf Erfolgslinie halten.

Bei dieser Aufgabe unterstützt das Erfolgsplanungssystem (EPS). Im Fall der Nachfolge füllt dieses partizipative Führungssystem die Lücke aus, die der Unternehmer hinterlässt, und hilft der neuen Führung, Wettbewerbsvorteile zu erhalten und neue dazu zu gewinnen.

Und was einer neuen Unternehmensführung hilft, eignet sich selbstverständlich auch für bestehende Führung: Im Erfolgsplanungssystem finden Sie ein Führungsinstrumentarium, das eingesetzt wird, sobald im Unternehmen Wollen, Wissen und Können gebraucht werden, die weder ein Kopf generieren noch en detail beherrschen kann.

Unsere Ansprechpartner

Grundsätzlich sprechen wir jene Frauen und Männer an, die in besonderer Verantwortung stehen, ein Unternehmen zu führen, sprich: am Markt zu halten und erfolgreich zu machen. Sie sind damit auch zuständig dafür, dass Notwendigkeiten erkannt und umgesetzt werden. Dabei kann es sich um Innovationen handeln, um die Platzierung des Unternehmens im Wettbewerb und auf Geschäftsfeldern, um strukturelle, prozedurale oder personelle Veränderungen.

Unsere Ansprechpartner sind Geschäftsführer/innen und Führungskräfte mittelständischer Unternehmen, deren Mitarbeiterzahl zwischen 50 und 500 liegt.

Im Besonderen möchten wir folgende Gruppen von Führungskräften erreichen:

- Unternehmensgründer
- Geschäftsführer, Vorstände
- Nachfolger in der Geschäftsführung
- der Geschäftsführung unmittelbar zugeordnete Führungskräfte
- ambitiöse Führungskräfte, deren Ziel es ist, ein Unternehmen zu führen
- Manager von Investment Fonds und Private Equity-Gesellschaften.

Unternehmensgründer, Vorstände, Geschäftsführer
Diese Personen haben eines gemeinsam: Sie sind der Kopf des Unternehmens und leiten es. Typischerweise haben sie gelernt, dass sie sich vor allem auf sich selbst und weniger auf andere verlassen können und sollten. Damit sind sie – sonst wären sie nicht mehr unter den Marktteilnehmern – über Jahre, manchmal Jahrzehnte gut gefahren. Das „Dagobert schafft's allein"-Motto hat sie erfolgreich gemacht, so jedenfalls die innere Stimme, die diese direktive Führung gut heißt und verteidigt.

Die persönliche Lerngeschichte macht diese dominanten Führungskräfte nicht nur zur Hauptstimme des Unternehmens, sondern auch zu Menschen, denen es eher schwer fällt, im Team zu arbeiten. Denn im Team zu arbeiten, bedeutet, Zutrauen in die Kompetenzen anderer zu haben und darauf zu vertrauen, dass sie diese Kompetenzen erfolgreich für das Unternehmen einzusetzen wissen – und dies auch tun. Im Team zu arbeiten, impliziert zudem ein Eingeständnis. Das Eingeständnis nämlich, nicht mehr über „alles" Bescheid zu wissen, nicht mehr in jedem Detail zu Hause zu sein, nicht mehr „alles" kontrollieren zu können. Dieses Eingeständnis schmerzt.

Doch wenn wir uns bewusst machen, dass die Komplexität des Geschäftslebens ein Ausmaß erreicht hat, das es für keinen Menschen mehr möglich macht, alle damit verwobenen Abläufe, Wechselwirkungen, Entwicklungen zu durchschauen und über das dafür nötige Wissen zu verfügen, mag der Schmerz weichen. Er weicht der Einsicht, dass es Experten braucht, deren Wissen und Können dasjenige des „Kopfes" übersteigt. („Hoffentlich auch!", dürfen wir hinzufügen, denn ansonsten wäre der Experte sein Gehalt nicht wert.) Ein Unternehmen ist also schon intern hochgradig differenziert nach Kompetenzen und Funktionen.

Zusätzlich steht es im ständigen Austausch mit einer Umwelt, also dem Markt, dem Wettbewerb, der Rechtsprechung, den Ressourcenlieferanten und anderen Teilumwelten. Jede dieser Teilumwelten funktioniert wiederum nach eigenen Vorgaben, Regeln und Zielen, die ein Mensch nicht durchblicken kann. Also braucht es wiederum Fachleute, die das Umweltgeschehen beobachten – ohne das eigene Unternehmen aus dem Blick zu verlieren.

Mit anderen Worten: Wir möchten Sie als Kopf eines Unternehmens ermutigen, Ihren Erfolg dadurch zu verlängern, dass Sie Ihr Wissen teilen und mehren. Lassen Sie sich von Experten nicht nur belehren, sondern geben Sie ihnen einen (fundierten) Vertrauensvorschuss: Trauen Sie ihnen zu, sich mit Ihnen zusammen für das Wohl der Firma zu engagieren und als „Teamplayer mit besonderer Verantwortung" zu arbeiten. Das EPS hilft Ihnen dabei, indem es Ihnen ermöglicht, die Sicherheit zu erhalten, die Sie brauchen, um vertrauen zu können. Denn das EPS ist ein Modell, dass sowohl Transparenz voraussetzt als auch schafft, sodass Sie zu jedem Zeitpunkt seines Einsatzes erfahren können, was aus welchen Gründen geschieht bzw. nicht geschieht.

Nachfolger in der Geschäftsführung
Bei dieser Gruppe treffen wir in der Praxis häufig Persönlichkeiten an, die eine ähnliche „Unternehmer-Lern-Geschichte" haben wie der gerade beschriebene Typus. Dies trifft besonders dann zu, wenn die (potenziellen) Nachfolger nicht aus den eigenen Reihen stammen, sondern von außen kommen. Dieser Typus steht psychologisch ebenso vor der Vertrauensfrage.

Zusätzlich zeigt die Praxis, dass wir unter den potenziellen Nachfolgern auch Personen finden, die im Unternehmen groß geworden sind, sich hochgearbeitet und bewährt haben.

Beide Nachfolgertypen sind konfrontiert mit dem Umstand, sich die Führung des Unternehmens (auch) in den Augen der Mitarbeiter verdienen zu müssen. Dazu benötigen sie Informationen – von dem scheidenden Kopf und von den Mitarbeiterinnen und Mitarbeitern. Hier hilft das EPS ebenfalls. Im ersten Schritt verlangt die Einführung und Nutzung des EPS nämlich, dass alles, was geschäftsrelevant ist, auf den Prüfstand kommt. Das EPS stellt Fragen, die zu einem hohen Grad Transparenz erzwingen. Auf diese Weise erhält der oder die Neue tiefen Einblick in Strukturen, formelle wie informelle Prozesse, in Zahlen etc. und auch in die Art der Zusammenarbeit. Auf diesem Fundus kann der oder die Neue weiter arbeiten und die Möglichkeiten nutzen, die das EPS bietet, um das Unternehmen erfolgreich zu halten bzw. weiter zu entwickeln.

Der Geschäftsführung unmittelbar zugeordnete Führungskräfte
Unsere Erfahrungen legen nahe, auch Managerinnen und Manager anzusprechen, die Teil des Top-Managements sind, ohne dass sie dem Unternehmen vorstehen. In dieser Gruppe finden wir Personen, die besonders innovationsfreudig und ergebnisorientiert sind, aber auch verstärkt darauf achten, in den Prozessen eine hohe Effizienz und Effektivität zu realisieren.

Ihnen kann das EPS bei genau diesem Anliegen helfen, da es ja eine wesentliche Stärke des Modells ist, Innovationen unter Nutzung aller vorhandenen Ressourcen zielorientiert zu verwirklichen. Wir ermutigen Sie, das EPS auch dann in Ihrem Bereich einzuführen, wenn die Geschäftsführung ablehnt, dies unternehmensweit zu tun. Wir rufen damit keinesfalls zu einer destruktiven Rebellion auf, sondern dazu, das zu tun, wofür die Top-Führungskraft eingestellt wurde und verantwortlich ist: ihren Bereich optimal (gemessen an In- und Output) zu führen. Das EPS kann als „Insel" eingeführt werden und sichert gleichzeitig die Verbindung zu anderen Bereichen oder Abteilungen. Richtig eingeführt und praktiziert, bleibt der Bereich selbstverständlich mit den Prozessen anderer Bereiche vernetzt.

Ambitiöse Führungskräfte, deren Ziel es ist, ein Unternehmen zu führen
Unsere Kontakte (über Beratung, Trainings und Einzel-Coachings) mit jüngeren Führungskräften verdeutlichen, dass es solche gibt, deren Ziel es ist, ein mittelständisches Unternehmen zu führen. Dieser Personenkreis umfasst auch „Quereinsteiger", etwa über Beteiligungen.

Ihnen nützt die Führungssystematik des EPS dadurch, dass das Modell darstellt, wie eine Firma nachvollziehbar und transparent funktionieren kann. Das EPS unterstützt darin, sowohl strukturelle als auch prozedurale Vorstellungen zu entwickeln, um eine über das Unternehmen verteilte Kommunikation und Kooperation optimal zu gestalten.

Manager von Investment Fonds und Private Equity-Gesellschaften
Dieser Personenkreis steht vor der großen Herausforderung, sicher zu stellen, dass die Unternehmen, die sie kaufen und verkaufen, profitabel gemanagt werden. Da dieser Personenkreis normalerweise in den jeweiligen Unternehmen selbst nicht „produktiv" ist, fehlt ihm meistens das Wissen, wie die erworbenen Gesellschaften geführt werden. Oft setzen diese Managerinnen und Manager in den erworbenen Gesellschaften ein neues Management ein. Folglich stehen sie vor der Frage, wie sie das für sie relevante Wissen erhalten, um die zum Verkauf bzw. Erwerb stehenden Unternehmen attraktiv zu machen.

Da Unternehmen, die mit dem EPS arbeiten, in dem, was sie tun, durchschaubar sind, würde die Einführung des EPS die Erfolgschancen in den erworbenen und zu veräußernden Unternehmen bzw. die erfolgreiche Durchführung von Fusionen erhöhen und damit die Performance des Fonds bzw. von Private Equity.

Der Nutzen, den das EPS für diese Interessenlage bietet, liegt also darin, dass die Manager und Managerinnen solcher Investment-Gesellschaften dem angestellten Management der betreffenden Firmen ein erprobtes Führungssystem an die Hand geben können und als Aufsichtsräte oder Beiräte in der Lage sind, gezielt konstruktiv kritische Fragen zu stellen und Maßnahmen einzuleiten.

1 Bewährungsproben und Aktualität des Erfolgsplanungssystems (EPS)

Bewährungsproben

Ob ein Führungssystem etwas taugt, hängt letztlich davon ab, ob es unter marktwirtschaftlichen Bedingungen zu einer Verbesserung der Unternehmensergebnisse und einer Wertsteigerung des Unternehmens führt.

In seiner inzwischen über 15-jährigen Geschichte hat das EPS zahlreiche Bewährungsproben bestanden, einschließlich diverser Interventionen von Unternehmensberatungen und ISO 9001. Auch wenn die Grundthemen, die zu seiner Implementation führen, bis heute gleich geblieben sind, haben wir es doch immer wieder überprüft und auf die spezifischen Fragestellungen und Problemlagen modifiziert und angepasst. Das ist eine seiner Stärken: Das EPS bietet eine Struktur oder Kernprogrammatik, die identisch bleibt und dennoch flexibel genug ist, um auf spezielle Bedürfnisse zu antworten.

Der erste ganzheitliche Einsatz des Erfolgsplanungssystems (EPS), das damals als „Leistungsplanungssystem" firmierte, fällt in das Jahr 1992 bei der DLW Aktiengesellschaft. Über die Jahre war dieses auf den Gebieten Bodenbeläge, Büromöbel und im Automobilzulieferbereich sowie der Karton- und Kunststofffolienherstellung tätige Unternehmen durch eine streng patriarchalische Führung und deren Abneigung gegenüber Marketing sowie interner Kommunikation in arge Schwierigkeiten geraten. Die meisten Bereiche produzierten rote Zahlen. Folglich standen der Vorstand und die Führungskräfte vor zentralen Fragen: Wie bringen wir das Unternehmen insgesamt in die Zukunft? Wie kehren wir in den defizitären Bereichen zur Profitabilität zurück? Wie versetzen wir die Bereiche, die wir selbst nicht weiterführen können, in einen Zustand, dass sie einen Käufer finden, der Arbeitsplätze in Deutschland erhält?

Der gemeinsamen Analyse folgten Taten, die schlussendlich ein Controlling gestütztes Führungssystem ins Leben riefen – mit eindrücklichen Resultaten: Nach einer anfänglich sehr schwierigen Phase entwickelte sich der Bodenbelagsbereich zur Nummer Eins in Deutschland und zur

Nummer Drei in Europa. Die Bereiche Büromöbel und Automobilzulieferung konnten erfolgreich verkauft und so fortgeführt werden. Die Verschuldung des Unternehmens wurde drastisch reduziert. Der Kurs der Aktie hat sich bis zur Übernahme des Unternehmens durch Armstrong World Industries gut entwickelt.

Zuletzt erfolgte der ganzheitliche Einsatz des Erfolgsplanungssystems bei dem ebenfalls mittelständisch geprägten Unternehmen Kampa AG in Minden. Durch Managementfehler geriet das Traditionsunternehmen des Fertighausbaus 2001 und 2002 in die Verlustzone. Die Zukunft war fraglich, der Aktienkurs brach dementsprechend ein. Durch die Einführung des Erfolgsplanungssystems ist es gelungen, den Aktienkurs im Zeitraum 2002 bis 2005 zu verdoppeln und das Unternehmen seit 2003 wieder in die schwarzen Zahlen zu führen.

Im Überblick: Das Erfolgsplanungssystem wurde zur Verbesserung der Ergebnisse und Stabilisierung von Unternehmen des Holz- und Bodenbelagsgroßhandels, des Automobilzulieferbereichs und der Teppichproduktion bereits erfolgreich eingesetzt. Der Erfolg des EPS konnte auch in Gemeinschaftsunternehmen in Ekaterinburg, Russland, in Kalkutta, Indien, und in Vitoria, Spanien, bewiesen werden.

Die Bezeichnung „Erfolgsplanungssystem" entstand 2002 bei Kampa: Zu jener Zeit sprachen wir noch vom „Leistungsplanungssystem". Dank seiner integrativen Programmatik wirkten alle Mitglieder des Unternehmens mit, das System effektiv zu nutzen. Nach einigen Monaten der Praxis waren es Mitarbeiter, die auf die Initiatoren zukamen und vorschlugen: „Warum nennen wir das System eigentlich Leistungsplanung? Es geht doch vor allem darum, über Verantwortung und Leistung mehr Erfolg zu haben. Warum nennen wir es nicht Erfolgsplanung?" – Ja, warum eigentlich nicht? Zumal diese Bezeichnung beschreibt, welchen Nutzen das System faktisch im Unternehmen hat. Diese Anregung aufgreifend, sprechen wir seitdem vom Erfolgsplanungssystem.

Aktualität

Das EPS hat sich als ein außerordentlich praktisches und nützliches Führungsinstrument bewährt. Um Sie zu überzeugen, dass seine Einführung auch für Ihr Unternehmen geeignet ist, heben wir seine wesentlichen Merkmale hervor. Dabei verknüpfen wir seine Aktualität mit ausgewählten Leistungsaspekten sowie mit zentralen Gesichtspunkten der innerbetrieblichen Realität zahlreicher Unternehmen. (Wer sofort etwas zu Anwendungen in der Praxis lesen möchte, schlage bitte Kapitel 4, Seite 31, auf.)

Die Popularität der Themen *Wissensmanagement* und *Lernende Organisation* dokumentiert zwei Defizite, unter denen Unternehmen leiden. Das eine ist die Unfähigkeit, vorhandenes Wissen und Können so zu bündeln, dass es vollständig und zielorientiert genutzt werden kann: „Woher, bitte schön, hätte ich das wissen sollen? Mir sagt ja keiner was!" Sie kennen diesen Ausspruch. Vertraut ist Ihnen auch: „Wie hätte ich das denn können sollen? Ich hatte keine Gelegenheit, mir das anzueignen!"

Das zweite Schlagwort verweist darauf, dass Unternehmen zu wenig Lern- und Lehrmöglichkeiten bereitstellen. Beides hat vielfältige Gründe, von denen die maßgeblichen genannt seien.

Am Beginn steht die Frage: Will die Unternehmensführung uneingeschränkt, dass das im Unternehmen verteilte Know-how genutzt und erweitert wird? Die Frage klingt banal, die Affirmation ist es keinesfalls. Sie rüttelt an Tabus, zumindest an lieb gewordene Gewohnheiten und Eitelkeiten. Das Einverständnis hat seinen Preis, und dieser hat zwei Namen: Transparenz und Mündigkeit.

Transparenz zielt auf Klarheit und Durchlässigkeit: Was an Wissen und Können in der Horizontalen, der Vertikalen, in Projektteams und in Personen vorhanden ist, muss gewollt hierarchie-unabhängig kommuniziert werden, einschließlich der diesen Bemühungen innewohnenden Lernnotwendigkeiten und -möglichkeiten. Geheimniskrämerei und Informationsmonopolisierung, individuelle und Abteilungs-Egoismen, Profilierungs- wie Abgrenzungsspiele sowie Lernverweigerungen sind als kontraproduktiv erkannt und werden negativ sanktioniert. Es geht folglich um Transparenz betrieblicher Variablen (Zahlen, Strategien, Marktdaten etc.) sowie um Durchsichtigkeit von Interessen (von Abteilungen, Teams, Personen).

Und es geht um die Option, Lernen und Gelerntes weitergeben zu können. Mündigkeit zielt auf Ambition und Neugier, auf Initiative und Verantwortung. Darauf also, dass den Dimensionen des Könnens und Wollens die des Dürfens hinzugefügt wird.

Das EPS assistiert bei all dem als eine Art Schablone in dreierlei Hinsicht. Es gibt strukturelle, prozedurale und praktikable Anregungen.

1. Es empfiehlt, Kommunikationsverläufe und Kooperation so zu institutionalisieren, dass Know-how aus allen und in alle Richtungen fließen kann, formell wie informell.
2. Es gibt den Führungskräften aller Ebenen ein Prozedere an die Hand, das es ermöglicht, dialogische Kommunikation und wechselseitiges Lernen zu Selbstläufern zu machen.
3. Auf Dauer sinkt der Führungsaufwand, weil die Beteiligten am Prozess partizipieren und selbst ein Auge darauf haben, dass Informationskanäle unverstopft und Lernchancen erhalten bleiben.

Kein noch so hervorragendes Wissens- und Lernmanagement ersetzt die Grundvoraussetzung, um möglichst effizient Ziele innerhalb des Unternehmens zu verfolgen. Diese Prämisse lautet: *Die Unternehmensführung muss allen Mitarbeitenden verständlich machen, was sie warum in welcher Hinsicht will.* Herkömmlicherweise werden diese Botschaften in Leitbilder gegossen oder als Philosophie, Strategie sowie Zielhorizont des Unternehmens publiziert.

Worum es geht, beschreibt das folgende Gleichnis aus der Sufi-Philosophie, das seit Jahren gern zitiert wird:

Ein Passant fragt einen Maurer, was er denn da tue. Er antwortet: „Ich setze Steine aufeinander." Der Passant begegnet einem zweiten Maurer und fragt auch diesen. Die Antwort lautet: „Ich baue an einer Mauer." Ein dritter Maurer erwidert: „Ich baue an einer gotischen Kathedrale."

Wir können den Maurer durch jeden Mitarbeiter Ihres Unternehmens ersetzen. Der Unterschied schlägt sich sowohl in der Qualifikation der Mitarbeiter als auch in der Qualität der Arbeit, der Leistung und im Führungsaufwand nieder. Der erste Maurer weiß nur, was er gerade tut: mauern. Er gleicht einem Kleinkind, das man unablässig betreuen muss. Da er keine Ahnung hat, wozu seine Steine einen Beitrag leisten, muss der Chef ihn ständig im Auge haben; denn es könnte ja sein, dass der Maurer seine Steine einfach nebeneinander legt ... Der zweite Maurer weiß immerhin, wozu die Steine dienen sollen: eine Mauer zu errichten. Auch er muss überwacht werden, wenngleich zeitlich gedehnter als der erste, weil er zwar keine Vorstellung von dem Gebäude hat, an dessen Mauer er arbeitet, aber immerhin eine Vorstellung von dem Teil, an dem er gerade arbeitet. Soll es ein Rundbau werden? Oder ein Sechseck? Der dritte Maurer hat eine konkrete Vorstellung der Sache, an deren Fertigstellung er mitarbeitet. Er kennt den übergeordneten Ziel-Zusammenhang seines Tuns. Der Führungsaufwand ist gering, weil der Maurer sein Handeln einzuordnen und damit selbstständig zielbezogen auszurichten in der Lage ist. Deshalb kennt er die Fähigkeiten und Fertigkeiten, die er benötigt, um seine Aufgabe zu erfüllen. Und genau aus dem gleichen Grund erkennt er auch, wo weiteres Lernen notwendig ist und wie seine Arbeit mit der seiner Kollegen ineinander greift.

Das Gleichnis deutet an, vor welcher Herausforderung Unternehmen stehen, deren Erfolg von selbstständigen, kompetenten und verantwortungsvollen Mitarbeitern abhängt. Jedes Mitglied muss in der Lage sein, in Worte zu kleiden, wofür das Unternehmen steht, worin es seine Aufgabe oder seinen Stellenwert im Markt und in der Gesellschaft sieht (Philosophie, Mission, Ethos); ferner, mit welcher strategischen Ausrichtung es diese Aufgabe erfüllen will und schließlich, welche Ziele es sich setzt, anhand deren es seinen selbst formulierten Auftrag verwirklicht sieht.

Die Unternehmensführung trägt die Verantwortung dafür, den Sinnzusammenhang und Zielhorizont für alle Mitarbeiter verständlich zu machen. Nur in diesem Fall der Sinn- und Zielkenntnis sind Mitarbeiter in der Lage, weitgehend selbst bestimmt und in einem hohen Grad selbst organisiert Sorge zu tragen dafür, dass die Unternehmensziele operationalisiert, Wissen und Know-how generiert und weitergegeben sowie Teilaufgaben und Projekte koordiniert werden.

Das EPS liefert eine Etappenstruktur, die diesen Prozess lenkt. Unternehmensspezifisch angepasst, bietet es ein Prozedere, das zweierlei tut. Erstens fordert es die Unternehmensspitze auf, den übergeordneten Kontext schriftlich zu fixieren und zu kommunizieren. Zweitens sorgt es über die Struktur iterativer Prozesse (Feedbackschlaufen) fortlaufend dafür, dass Kompetenz, Aufträge und Ziele unter Einbezug aller Beteiligten erzeugt, definiert, überprüft, vermittelt, ausgetauscht und koordiniert werden.

Die integrative und partizipative Komponente erhöht zusätzlich die Wahrscheinlichkeit, dass Unternehmen frühzeitig auf *Veränderungen* reagieren, die intern wie extern stattfinden. Das EPS fungiert hier als Frühwarnsystem und als Setting definierter Vorkehrungen, die rasche Anpassungen auslösen.

Dank seines integrativen Mechanismus bringt das EPS Unternehmensziele mit den Erfahrungen und dem Wissen der Mitarbeiter in Einklang. Zum einen regt es an, vorhandene Fähigkeiten und Fertigkeiten zu nutzen, also Wissen und Können ergebnisbezogen zu instrumentalisieren. Dafür nutzt es kommunikative Abläufe, die sicherstellen, nicht nur existentes Know-how zu transportieren, sondern auch nötige Veränderungen zu erkennen, im ganzen Betrieb zu kommunizieren, in die Prozesse einzubauen und durchzusetzen. Zum anderen sorgt es dafür, dass Aktivitäten und Abläufe beteiligter Einheiten und Personen auf das zu erreichende Ziel hin synchronisiert werden. Insofern regelt das EPS auf kommunikativer und organisatorischer Ebene koordiniertes Handeln.

Bei all dem nehmen Führungskräfte eine im wörtlichen Sinn maßgebliche und entscheidende Rolle ein.

Das EPS geht von der realistischen Voraussetzung aus, dass es heutzutage für einen Einzelnen unmöglich ist, über das jeweils nötige Wissen und praktische Können zu verfügen, um ein Unternehmen erfolgreich bleiben zu lassen bzw. seinen Erfolg zu steigern. Vielmehr verfügt jedes Mitglied des Unternehmens im Rahmen seiner Position und Funktion über ausgezeichnete Kenntnisse und spezialisierte Blickwinkel. Jeder agiert als Träger herausgehobenen (Spezial-)Wissens und Könnens und wird als kompetenter Beitragender behandelt sowie in die Mitverantwortung gezogen. Das EPS verlangt von Führungskräften folglich die Einsicht, dass nicht nur sie, sondern auch die operativ Tätigen Experten darin sind, Veränderungsnotwendigkeiten zu erkennen, Impulse zu geben und Ideen zu entwickeln sowie erforderliche Veränderungen fortlaufend zu integrieren. Es geht darum, die unterschiedlichen Sichtweisen und Informationsniveaus zusammenzuführen. Das EPS gibt eine Anleitung, wie das zu bewerkstelligen ist. Dabei berücksichtigt es sowohl die Verantwortung des Einzelnen als auch der Abteilungen.

Zusammengefasst: Das EPS bietet eine Antwort auf die Frage, wie die Komplexität gegenwärtiger Unternehmenswirklichkeit im Interesse der Ziel- und Ergebnisorientierung und damit des Überlebens am Markt zu bewältigen ist. Das EPS nimmt alle Akteure in die Verantwortung. Die Unternehmensführenden sind verantwortlich dafür, Sinn und Zweck des Unternehmens in verständlicher Form zu kommunizieren, sowie dafür, organisatorische und prozedurale Möglichkeiten bereitzustellen bzw. zuzulassen, um Lernen und Austausch von Know-how zu gewährleisten. Die Geführten werden mitverantwortlich für Prozesse und Ergebnisse gemacht, indem ihnen die Möglichkeit systematischen Mitwirkens geboten wird. Diese Partizipationsfreiheit verpflichtet sie, mitzudenken und unternehmerisch zu handeln. Je nach Position und Funktion im Unternehmen sind sie aufgerufen, dort aktiv zu werden, wo es dem Interesse des Unternehmens und der Sicherung von Arbeitsplätzen dient.

In einer Phase der globalen Entwicklung, in der Standortvorteile gegeneinander aufgewogen und ausgespielt werden, gibt es für Unternehmen in den Industrieländern keine Alternative zu einem partizipativen Führungsverständnis und einem entsprechenden Managementsystem.

2 Für welche Anlässe das EPS Hilfe bietet

In diesem Kapitel finden Sie im ersten Teil einige Situationsbeispiele und konkrete Fragestellungen, die Verantwortliche des jeweiligen Unternehmens dazu veranlassten, das EPS einzuführen.

Im zweiten Abschnitt mag Ihnen die Analogie zu einer Spielsituation verdeutlichen, dass es praktisch in jedem Unternehmen Anlässe und Gründe gibt, das EPS einzusetzen. Sei es, dass es darum geht, schlummernde Ressourcen zu wecken, oder darum, Veränderungen zu koordinieren und zu kanalisieren.

Beide Abschnitte sollen Ihre Neugier wecken und Ihnen einen ersten Einblick in das Leistungsspektrum des EPS geben.

Beispiele aus der Praxis

Beispiel 1: Fusion
Ein Bauunternehmer stand vor der Aufgabe, seine drei Kellerbauwerke, die bisher als eigene Gesellschaften mit jeweils eigenen Geschäftsführern geführt wurden, aus Rationalisierungsgründen zu einer Gesellschaft zu verschmelzen und die Führung dieser neuen Gesellschaft zwei branchenerfahrenen, neuen Geschäftsführern zu übertragen. Um sicherzustellen, dass die neue Gesellschaft nach einheitlichen Regeln geführt wird und zugleich das Wissen und die Erfahrung der Mitarbeiter der Vorgängergesellschaften genutzt werden, entschloss er sich, das EPS als Führungssystem einzusetzen. Die neue Gesellschaft arbeitet erfolgreich.

Beispiel 2: Sanierung
Ein Büromöbelhersteller war aufgrund einer sich verschlechternden Marktlage und durch Ungeschicklichkeiten der Geschäftsführung zum Sanierungsfall geworden. Ein Teilbetrieb musste geschlossen und ein Teil der Mitarbeiter entlassen werden. Da sein Schwiegersohn allein mit der Sanierung überfordert war, ergänzte er die Geschäftsführung um einen Interimsmanager. Aufgrund sich bald abzeichnender Differenzen in der Einschätzung der Lage zwischen den beiden Geschäftsführern einig-

ten sich die beiden darauf, externe Unterstützung in Anspruch zu nehmen. Ermutigt durch den Berater stimmten beide Geschäftsführer zu, das EPS zur Sanierung des Unternehmens einzuführen. Dies mündete in ein positives Zusammenspiel der beiden Geschäftsführer, in die Einbeziehung und Motivation der Belegschaft und in eine erfolgreiche Weiterführung des Unternehmens nach dem Ausscheiden des Interimmanagers.

Beispiel 3: Joint Venture
Ein mittelständischer Bodenbelagshersteller beteiligte sich zu 50 Prozent an einem Unternehmen in Russland. Schwierigkeiten technischer Art und mit der Qualifikation der Mitarbeiter gab es nicht. Die Unterschiede lagen primär in der Auffassung, wie das Unternehmen geführt werden sollte. Um diese Differenzen zu beseitigen, wurden die Geschäftsführer und Führungskräfte des Gemeinschaftsunternehmens mit externer Hilfe von dem Nutzen des EPS überzeugt und in der Anwendung des EPS geschult. Über einen Zeitraum von zwei Jahren begleitete und überwachte der Berater Durchführung und Anwendung, um die Nachhaltigkeit sicher zu stellen. Das Unternehmen arbeitet heute unter schwirigen Markt- und Umfeldbedingungen sehr erfolgreich.

Beispiel 4: Ergebnisverbesserung
Eine Rechtsanwaltskanzlei geriet aufgrund mangelnder Organisation und der patriarchalischen Führung des Gründers in existenzielle Probleme. Durch Zufall lernte der Rechtsanwalt die Systematik der Erfolgsplanung in einem produzierenden Betrieb kennen. Er stellte kritische und umfangreiche Fragen, ließ sich das EPS ausführlich erläutern und beschloss, es in seiner Kanzlei anzuwenden. Nach anfänglichen Schwierigkeiten, die überwiegend darin lagen, den patriarchalischen Führungsstil des Rechtsanwalts zu ändern und Verantwortung zu delegieren, arbeitet die Kanzlei heute mit guten Ergebnis nach dem EPS.

Beispiel 5: Restrukturierung und Verbesserung der Innovationskraft
Ein über die Jahre aus eigener Kraft und durch Zukauf eines anderen Unternehmens der Branche gewachsener Automobilzulieferer erkannte, dass er durch Restrukturierung Kosten einsparen und zugleich die Innovationskraft und den Zusammenhalt innerhalb des Unternehmens stärken musste, um als erfolgreicher Marktteilnehmer bestehen zu können. Ein halbwegs erfolgreicher Versuch, mit dem Modell des KVP (Konti-

nuierlicher Verbesserungsprozess) weiter zu kommen, brachte zwar Einsparungen, aber noch nicht das gewünschte Wir-Gefühl und die erforderliche Innovationskraft. Ermutigt durch einen EPS-Experten, führte er das System ein. In der Folge wuchs die Transparenz, wurde Verantwortung klarer definiert und wurden – unter Mitwirkung der Mitarbeiter – Kennzahlen erarbeitet, auf deren Basis eine erfolgsabhängige Vergütung eingeführt wurde. Das Unternehmen ist heute nachhaltig profitabel und innovativ.

Beispiel 6: Karriereentwicklung
Einem Chemiker, der seine berufliche Laufbahn in der Produktentwicklung begonnen hatte, wurde aufgrund seiner Leistung und guten kommunikativen Fähigkeiten nach einigen Jahren in der Entwicklung die Leitung der Produktion mit etwa 150 Mitarbeitern übertragen. Mit guten technischen Fähigkeiten, aber mangelndem Führungswissen ausgestattet, nutzte er das EPS. Auf diese Weise gelang es ihm, sich den Betrieb „anzueignen". Mit den Meistern, Schichtführern und technischen Angestellten des Betriebes erarbeitete er sich binnen kurzem ein realistisches Bild des Betriebs mit seinen Stärken und Schwächen und wurde alsbald als jemand akzeptiert, der auch auf die „Basis" hört. Die Produktivitätssteigerung des Betriebes war innerhalb von drei Jahren so beträchtlich und nachhaltig, dass man ihm die technische Geschäftsleitung übertrug.

Beispiel 7: Hilfe für den Beirat
Der Beirat eines Herstellers elektronischer Bauteile war unzufrieden mit der Entwicklung des Unternehmens sowie damit, sich die schwierige Lage nicht herleiten und verständlich machen zu können – und dies, obwohl es ein ausgefeiltes Berichtswesen gab. Er entschied sich für die Einführung des EPS. Besonderen Wert legte er darauf, Verantwortlichkeiten klar zu definieren, Ziele der Unternehmensbereiche zu quantifizieren und das im Unternehmen vorhandene Wissen dadurch zu nutzen, das Mitarbeiter systematisch einbezogen wurden. Der Erfolg des Unternehmens verbesserte sich in den folgenden zwei Jahren signifikant.

Analogie: Spiel und Unternehmen

Wir waren zu siebt und spielten das Gesellschaftsspiel „Mad". Das ist ein Spiel, das Kreativität innerhalb bestimmter Grenzen verlangt und wohl zu den lustigsten Spielen auf dem Markt zählt. Irgendwann wurde einigen Spielern der Rahmen zu eng und sie begannen (selbstverständlich mit der dazu gehörigen Kakophonie von Empörung und Zustimmung), eigene Einfälle als neue Regeln vorzuschlagen. Sie setzten sich nicht nur durch, sondern ihnen gelang es auch, die anderen anzustecken. Die phantasievollen Vorschläge wurden immer zahlreicher und verselbstständigten sich, sodass wir am Ende fast schon ein anderes Spiel spielten. Faktisch blieben wir bei dem Original und verließen es gleichzeitig. Wir benutzten weiterhin die Plattform von „Mad", also die Idee, die dem Spiel zu Grunde liegt, entfernten uns aber in der Ausführung immer mehr. Wir besannen uns auf die Grundidee oder das Konzept und die Zielrichtung des Spiels, behielten diese bei und ersannen Spielvarianten, die noch mehr Spaß machten. Auf diese Weise erfüllten wir ein Teilziel des Spiels noch besser (als mit den vorgesehenen Schritten), nämlich: Zeit mit gemeinsamer Fröhlichkeit zu verbringen.

Nun ja, werden Sie denken, ist ja nett. Aber in einem Unternehmen funktioniert das nicht.

Wir möchten Sie in diesem Urteil bekehren. Spiel und Unternehmen, Spielen und Unternehmensführung haben strukturelle und damit programmatische Gemeinsamkeiten und Logiken. Aus diesem Grund lässt sich aus Spiel und Spielen eine Menge lernen und auf Unternehmen und Führung übertragen.

Vielleicht gehören Sie zu den Menschen, die eine Schwäche für Spiele haben. Dabei ist es völlig gleichgültig, ob Sie selbst spielen oder lieber zuschauen. Ebenso egal ist, um welche Spiele es geht. Allgemein stehen hoch im Kurs: Fußball, Gesellschaftsspiele wie „Mensch-ärgere-dich-nicht" oder „Monopoly", seit einigen Jahren auch Online-Spiele, Games und Rollenspiele. Wir können auch Manager-Spiele anführen, „Ökolopoly" etwa oder Börsenspiele oder Unternehmens-Simulationen. In den meisten Spielen geht es darum, ein Ziel als Erster zu erreichen, also zu gewinnen, und zwar unter Einhaltung der Regeln, die in der Spielanleitung stehen oder vereinbart werden. Sie sollen Verhalten erwartbar machen und legen fest, unter welchen Bedingungen wer siegt. Es kann aber auch anders kommen.

Ein Spiel ist beschreibbar als soziales und dynamisches System mit unkalkulierbaren Variablen. Das macht seine Komplexität aus. Wie sich dies äußern kann und wie die Spieler sie „managen" können, veranschaulicht das folgende Beispiel:

Nehmen wir an, Sie spielen gerade in einer geselligen Runde von fünf Personen „Mensch-ärgere-dich-nicht". Sie sehen, dass einer der Spieler die Figur eines anderen rausschmeißen müsste, es aber nicht tut. Stattdessen zwinkert er dem anderen zu und macht einen anderen Zug. „Stopp", rufen Sie lachend, „das geht nicht! Du musst Michael rausschmeißen!" – „Will ich aber nicht!" Ein Regelverstoß also. Nicht alle sind damit einverstanden, und so diskutieren alle hin und her. „Also, wenn hier jeder seine eigenen Regeln machen kann, dann weiß man ja gar nicht mehr, was man tun soll! Da können wir ja gleich etwas anderes spielen!" „Warum nicht?! Wir müssen ja nicht ein ganz anderes Spiel spielen! Abwechslung tut gut. Ich habe auch eine Idee, wie wir mehr Pfiff ins Mensch-ärgere-dich-nicht bringen können ..." Weitere Spielvarianten, die im Ursprungsspiel nicht vorgesehen sind, werden zum Besten gegeben, und schließlich einigen sich alle auf eine neue Version. Die neuen Regeln lassen mehr Spielraum und bleiben – siehe oben – gleichzeitig dem Spielzweck verpflichtet: gemeinsam mit Freude Zeit verbringen.

Sie kennen genau diese Situation aus Ihrem Unternehmen: Bis dato „hat man das und das immer so gemacht" und jetzt kommt einer, der etwas verändern will! Häufig wird das als Affront empfunden, sei es auf die eigene Leistung, sei es auf die Tradition. Als Verstoß gegen eherne Regeln gilt es allemal. Eine neue Idee stört zunächst einmal, nämlich den gewohnten Lauf der Dinge. „Neu" ist identisch mit „Störung", und wer lässt sich schon gern in der Routine unterbrechen? Störung von Routinen bedeutet Verlust an Vertrautheit, an Wissen, wie es läuft, und folglich an Sicherheit und Vorhersagbarkeit. Kommt die Störung in Form eines Vorschlags daher, wie man eine Struktur oder Abläufe optimieren kann, dann passiert genau das, was die gesellige Runde von oben vorführt: Andere wehren sich dagegen.

Unser Ehrgeiz besteht darin, dass Sie uns als inspirierende Störer wahrnehmen und unsere Störung umdeuten, nämlich in Ihre Chance, ein Instrumentarium zu nutzen, das Ihnen hilft, das Unternehmensziel mit höherer Zielgenauigkeit und Schlagkraft als bisher zu verwirklichen. Wir ermutigen Sie also, Ihre Skepsis durch Neugier zu ersetzen und Ihr Spiel „Unternehmensführung" weiterzuführen, allerdings mit zum Teil anderen Mitteln.

Was passierte in der geselligen Runde weiter? Auf den Verstoß (Figuren des Gegners schonen) reagierten Sie; Sie bemerkten also, dass jemand etwas tat, was im geltenden Regelwerk nicht vorgesehen bzw. sogar verboten ist. Außerdem registrierten Sie einen zweiten Verstoß: das Zuzwinkern und das interessegeleitete Schonen eines Mitspielers. Sie wurden Zeuge einer Allianzbildung, und die ist beim „Mensch-ärgere-dich-nicht" verboten; es ist ein Individualspiel. Michael und Johann haben über konspirative Mimik, also über informelle und geheime Kommunikation, ein Teamspiel daraus gemacht. Sie wollen nicht jeder für sich spielen, weil sie das langweilig finden, sondern lieber zusammen ein Team bilden, das gegen alle anderen spielt. Sie halten also an einem Teilziel des Ursprungsziels fest, nämlich gegen andere zu gewinnen, ändern aber Regeln, wie das Ziel zu erreichen ist.

Auch das kennen Sie aus Unternehmen. Leute tun sich zusammen, verbünden sich, um eine innovative Methode, etwa ein neues EDV-Programm in der Buchhaltung, auszuprobieren. Ihr Ziel ist es, einen anderen, besseren Weg zu beschreiben, um das Abteilungsziel (das eingebunden ist in das Unternehmensziel) zu erreichen, etwa Fixkosten zu reduzieren oder Abläufe zu vereinfachen. Ist die Firmenkultur eher konservativ, tun sie das zunächst verdeckt, sprich, ohne es an die große Glocke zu hängen. Früher oder später kriegen andere Wind davon – und dann startet die Kontroverse. Jetzt wird offen diskutiert. Im günstigen Fall erkennen andere die Vorteile des Neuen, und so wird der verdeckte Test zum offiziellen, beispielsweise im Rahmen eines Pilotprojekts.

So kurz – so gut. In der Metapher des Unternehmens als Spiel liegen also eine Menge Gemeinsamkeiten:

- Beide beginnen mit einem Traum, einer Vision oder Mission. Sie geben Auskunft über die Sinnhaftigkeit des Tuns und formulieren das übergeordnete Ziel, den Wert oder die Werthaftigkeit. Der Spielentwickler träumt davon, einen Beitrag zu gelebter Mitmenschlichkeit und Nähe zu leisten. Sein Spiel soll dazu führen, dass sich Menschen in unbeschwerter Atmosphäre näher kommen, gemeinsam lachen und diskutieren, gemeinsam denken und phantasieren und ähnliches mehr. Sein humanistischer Wert „Mitmenschlichkeit", sich äußernd in Freude, Nähe, Harmonie, mündet in ein pädagogisches Konzept und einen Zielhorizont. Diese wiederum entscheiden über die Art des Spiels, seinen Aufbau, seine Regeln und Rahmenbedingungen.

- Ein Unternehmen wird ebenfalls häufig gegründet, weil der oder die Gründer einen Traum, eine Vision oder Mission haben. Da ist der ökologisch bewegte Bauer, der eine vegetarisch ausgerichtete Restaurantkette erträumt, um sowohl Menschen mit gesunder Nahrung zu verwöhnen als auch dazu beizutragen, Massentierhaltung zu reduzieren und der Gattung Tier Respekt zu zollen. Oder der Schokoladen-Gourmet, der davon träumt, eine Schokoladenfabrik zu betreiben, um die beste Schokolade der Welt zu fabrizieren. Traum und Vision entfalten sowohl beim Spiel als auch beim Unternehmen Sogwirkung auf die beteiligten Personen. Sie nähren das Engagement und geben die Richtung vor. Gleichzeitig verengen sie den Horizont des Möglichen auf den Korridor des Optionalen und fokussieren die Aufmerksamkeit auf das Umfeld, das für das konkrete Vorhaben relevant ist. Ein vegetarischer Ökobauer konzentriert sich auf Pflanzliches aus kontrolliert biologischem Anbau; er wird sein erstes Restaurant in ein Milieu stellen, von dem er (per Marktforschung) weiß, dass dort seine Zielgruppe besonders vertreten ist; er wird auf Moden in der pflanzlichen Ernährung achten und vielleicht fremde Länder und Kulturen auf kreative Inputs erforschen etc.

- Spiel und Unternehmen sind eingebettet in einen Kontext und abgegrenzt gegen ein Umfeld. Der Kontext des Spiels ist ein fröhliches Beisammensein im Freundeskreis, das Spiel grenzt sich ab gegen alle anderen Formen der Interaktion. Der engste oder direkteste Kontext des Unternehmens ist der Markt. Gesellschaftliche Teilsysteme wie Politik, Recht, Wissenschaft sind Beispiele für die Umwelt, die das Unternehmen umgeben, mit denen es in Wechselwirkung und Austausch steht und die es gleichzeitig gegen diese abgrenzen.

- Spiel wie Firma haben eine materielle Grundausrüstung und Infrastruktur: Brett, Würfel, Spielfiguren bzw. Gebäude und Interieur. Spiel und Unternehmen haben Ziele auf zwei Ebenen, der des Spiels bzw. des Unternehmens sowie der Ebene der agierenden Individuen. Spiele haben die pädagogische Funktion des Einübens sozialen Verhaltens und die soziale Funktion, zusammen Freude zu haben und auf diese Weise Beziehungen zu pflegen; auf der individuellen Ebene soll dies über Konkurrenz (als fröhlichem Wettbewerb um das Gewinnen) und das Einhalten von Regeln verwirklicht werden. Unternehmen als Teil des ökonomischen Systems der Gesellschaft verfolgen in erster Linie die Absicht, Gewinn zu machen. Die Mitglieder ordnen sich diesem Ziel unter, indem sie sich verpflichten, Teilziele, aus dem übergeordneten Ziel abgeleitete Individualziele, zu erreichen. Sie tun dies, weil sie für ihren Einsatz entlohnt werden und damit ihr materielles Auskommen sichern.

- Spiel wie Unternehmen haben interne Rahmenbedingungen, die Freiheitsgrade und Handlungsspielräume definieren. Im Spiel sind sie definiert durch das Material (Figuren, Würfel etc.). Im Unternehmen sind sie ebenfalls markiert durch infrastrukturelle Komponenten, zusätzlich durch Ressourcen, vor allem Geld, Kapital, Kreditwürdigkeit, aber auch Strukturen und Prozeduren sowie Fähigkeiten und Fertigkeiten der Mitglieder und deren Art der Kooperation.

- In Spiel und Unternehmen gelten – als immaterielle Komponente interner Rahmenbedingungen – Regeln, die für alle Mitspieler bzw. Mitglieder verbindlich sind. Diese Regeln gelten für unterschiedliche Dimensionen des Spiels bzw. des Unternehmens. Essenziell sind Regeln als Arbeits- und Verhaltensnormen, als Regularien oder als Prozeduren. Beim „Mensch-ärgere-dich-nicht" etwa gilt die Arbeitsregel, dass gewürfelt wird (und nicht ein Lied gesungen); die Verhaltensregel, die Spielfigur eines anderen rauszuwerfen, oder das Verbot, sich zu verbünden; die Prozedur des geregelten Nacheinanders beim Würfeln (im Uhrzeigersinn oder dagegen, jedenfalls nicht willkürlich oder nach dem Gesetz des Schnelleren). Im Unternehmen etwa gilt die Arbeitsregel, dass Projektteams mit den besten Experten (und nicht den besten Mikropolitikern) besetzt werden; die Verhaltensregel, Konflikte konstruktiv und partnerschaftlich auszutragen; das Regularium des jährlich einmal stattfindenden Mitarbeitergesprächs.

2 Für welche Anlässe das EPS Hilfe bietet

- In Spiel wie Unternehmen tauchen „Agenten" als unkalkulierbare Variablen auf: Mitspieler wie Mitglieder können eine persönliche Agenda entwickeln und verfolgen (im Spiel oben: Langeweile beseitigen, eigene Kreativität ausleben; in der Firma: Ehrgeiz und Profilierung, fachlich fundierte Experimentierfreude); sie können, konspirativ oder manifest, Feindschaften und Freundschaften entwickeln, sie können neue Beziehungen eingehen oder vorhandene verstärken, um gemeinsam etwas Neues ins Leben zu rufen; sie können dies im Verborgenen beginnen und im Offenen weiter führen. Was immer sie tun: es entzieht sich akkurater Kalkulation. Ebenso wenig können der Zeitpunkt für die Teilaktivitäten und noch weniger deren Aus- wie Wechselwirkungen vorhergesehen werden; das gleiche gilt für das Resultat, das seinerseits Auswirkungen im Inneren wie nach Außen zeitigt. Wir haben es also mit unbekannten Facetten in den Dimensionen: Zeit, Akteure, Dynamik und Ergebnis zu tun.

- Schließlich sei als Gemeinsamkeit erwähnt: Die Sicherheitssysteme in Spiel und Unternehmen (Ziele und Rahmenbedingungen, Normen und Feedback, Regularien, Prozeduren, Managementinstrumente) können Überraschungen nicht verhindern; sie können sie bestenfalls eindämmen, qualitativ wie quantitativ.

Diese letztgenannte Gemeinsamkeit ist ein Paradox: Überraschungen, also Ereignisse, die unerwartet und unberechnet kommen, machen Spiele attraktiv für uns und uns zu (fröhlichen) Spielern. Exakt dieses Nichtkalkulierte und Nichtkalkulierbare ist es in Unternehmen jedoch, das auch und gerade Top-Managern Furcht einflößt und zu ineffektiven Handlungen provoziert. Anders formuliert: Das, was im Spiel Ihre Begeisterung anstachelt, erregt im Unternehmen Ihren Unmut. Das Erfolgsplanungssystem unterstützt Sie dabei, Unsicherheiten und Unberechenbarkeiten systematisch „einzusteuern", als begleitende Realität anzuerkennen und (auch dadurch) Erfolg wahrscheinlicher zu machen.

3 Wie die Hilfe aussieht: Die Systematik des Erfolgsplanungssystems

In diesem Kapitel stellen wir Ihnen unsere Führungs- und Kommunikationssystematik, eben das EPS, im Überblick vor. Dazu bedienen wir uns einiger grafischer bzw. bildlicher Darstellungen. Diese vereinfachen zwar, erleichtern indes den Zugang.

Kontextualität von Unternehmen und Kultur

Die erste Visualisierung soll bewusst machen, dass jedes Unternehmen im Spannungsfeld unterschiedlicher Einflussfaktoren steht, sowohl wirtschaftlicher als auch kultureller. Sie markieren das Ganze, in das ein Unternehmen eingebunden ist. Insbesondere, wenn es um Fusionen und ähnliche unternehmerisch eingeleitete Veränderungen geht, ist dies ein beachtenswertes Datum.

Abb. 1: Kontextualität von Unternehmen und Kultur

Makrotrends

Die Einbettung in kulturelle Zusammenhänge wird überlagert von den so genannten Makrotrends, die die globale und lokale Entwicklung in den nächsten Jahrzehnten beeinflussen werden und von denen sich auch mittelständische Unternehmen nicht dauerhaft abkoppeln können.

Besonders zu nennen sind:

1. Zunahme der Weltbevölkerung
2. Siegeszug der Mikroelektronik
3. Dominanz der globalen Finanzmärkte
4. Medien als Meinungsbildner
5. Inflation des Wissens

Wir können an dieser Stelle nur in Kürze auf diese Makrotrends eingehen, obwohl ihr Einfluss auf uns alle unausweichlich und überragend ist und sie uns die allgemeine Erklärung liefern, warum heutzutage Kommunikations- und Führungssysteme wie das EPS notwendig sind.

Aus der Zunahme der Weltbevölkerung und dem Wunsch aller, auf dieser Welt gut zu leben, ergibt sich eine zunehmende Verknappung und Verteuerung der natürlichen Ressourcen und eine wachsende Belastung unserer Lebensräume. Das Wachstum der Weltbevölkerung verändert unsere Wirtschaftsstrukturen (durch grenzüberschreitendes Streben nach Arbeit und Wohlstand) und schafft uns Probleme durch Migration, Verstädterung und Überalterung. Der Anteil der deutschen Bevölkerung an der Weltbevölkerung beträgt gegenwärtig ca. 1,3 Prozent. Der Weltmarktanteil Deutschlands liegt, mit fallender Tendenz, bei ca. 10 Prozent.

Der unaufhaltsame Siegeszug der Mikroelektronik ist für jeden von uns durch die Veränderungen in den Informations- und Kommunikationstechnologien sowie den Arbeitstechnologien spürbar und erlebbar. Aus unserer Lebens- und Arbeitswelt ist diese Entwicklung nicht mehr wegzudenken. Unternehmen, die sich dieser neuen Technologien nicht bedienen, wird es in absehbarer Zeit nicht mehr geben.

Im Zuge der globalen Öffnung der Märkte für Waren und Dienstleistungen haben sich die Finanzmärkte, vor allem durch die intensive Nutzung der Mikroelektronik, zu einem dominanten Faktor entwickelt. Das

Welthandelsvolumen der Finanzmärkte mit Devisen, Wertpapieren, Finanzderivaten etc. übersteigt das Volumen des Welthandels mit Waren und Dienstleistungen um ein Vielfaches. Die Kapitalverzinsung als überragendes Maß für wirtschaftlichen Erfolg ist damit weltweit etabliert und dient deswegen auch zur Beurteilung der im Waren- und Dienstleistungsgeschäft tätigen Unternehmen. Aus der Notwendigkeit zur Absicherung der Finanzgeschäfte und aus dem globalen Wettbewerb um Finanzmittel leitet sich das Rating von Unternehmen ab. Für mittelständische Unternehmen heißt dies, dass auch sie den heißen Atem der Finanzmärkte spüren, wenn es darum geht, Finanzierungsmittel zu erhalten.

Einen Vorteil, den mittelständische Unternehmen haben, ist, dass sie ihre Mitarbeiter noch versammeln („reale Teams") und so Identität und Wir-Gefühl vermitteln und den Meinungsaustausch auf einer persönlichen Ebene fördern können. – Für die großen Unternehmen und Organisationen, die ihre Mitglieder nicht mehr gemeinsam versammeln können („virtuelle Teams"), muss ein großer Teil der Meinungsbildung über die verschiedensten Medien erfolgen. Ein professioneller Umgang mit diesen Medien ist deshalb unabdingbar, um wirtschaftlichen Erfolg abzusichern.

Die Gründe für die Inflation des Wissens liegen in der weltweiten Vernetzung durch moderne Informations- und Kommunikationsmittel und der durch das Weltbevölkerungswachstum bedingten, zunehmenden Zahl von Wissensproduzenten. Wir wissen insgesamt immer mehr und als einzelne davon immer weniger.

Die Konsequenzen aus diesen Makrotrends sind für Unternehmen:

- der Zwang zum besseren Verständnis von Kunden und Märkten
- der Zwang zu Wissensmanagement und organisationalem Lernen
- die Notwendigkeit, eine angemessene, wettbewerbsfähige Kapitalrendite zu erwirtschaften
- der Zwang zu größerer Transparenz innerhalb der Unternehmen und nach außen
- der Zwang zur kontinuierlichen Anpassung an Veränderungen.

Wie komplex die Zusammenhänge sind, illustriert die folgende Abbildung:

 1. Nach außen muss das Unternehmen als Ganzes sichtbar sein und mit einer Sprache sprechen. (Marken, Produkte, Qualität)

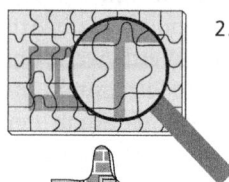 2. Bei näherer Betrachtung besteht das Unternehmen aus vielen einzelnen Teilen, die miteinander in Beziehung/Verbindung stehen.

3. Die Binnenstruktur jeder Abteilung kann angepasst an die Erfordernisse ihrerseits komplex sein.

Abb. 2: Das Ganze ist mehr als die Summe seiner Teile

Diese Facetten spiegelt das EPS dadurch wider, dass es Kommunikation und Kooperation kanalisiert.

Kommunikation und Führungswissen

Die nächste Abbildung grenzt unseren Betrachtungsraum ein und fokussiert das Unternehmen in seiner Beziehung zum Markt und den Binnenabläufen. Um die Nachfrage am Markt zu bedienen, benötigen Unternehmen eine funktionierende Kommunikation nach innen und außen. Nach außen, um in Richtung Markt und Kunden „mit einer Sprache zu sprechen" (Partnerschaft, Verbindlichkeit, Freundlichkeit ...). Nach innen, um die innerbetrieblichen Abläufe in und zwischen den Bereichen mit Blick auf die Marktbearbeitung zu vereinfachen und zu optimieren (Verständlichkeit, Problemlösung, Konfliktbereitschaft ...).

3 Wie die Hilfe aussieht: Die Systematik des Erfolgsplanungssystems 23

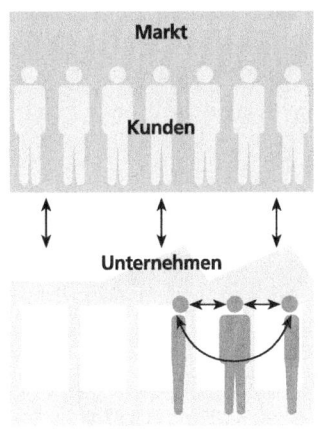

Kommunikation nach außen
- Partnerschaft
- Verbindlichkeit
- Freundlichkeit
- ...

Kommunikation nach innen
- Verständlichkeit
- Problemlösung
- Konfliktbereitschaft
- ...

Abb. 3: Kommunikation nach außen und nach innen

Das EPS entfaltet hier eine seiner Stärken, nämlich dem Kunden und seinen Bedürfnissen zu dienen. Das EPS sieht dafür spezielle kommunikative Abläufe und deren Synchronisation vor. Sie stellen die Nähe von Kunden und Unternehmen sicher.

Die Wechselwirkungen zwischen Außen (Unternehmens-Umwelt mit Markt, Technologie, Ressourcen, Lieferanten etc.) und Innen (für das Geschäft unmittelbar relevantes Wissen und Können, samt Akteure) laufen im *Beziehungswissen* (als Kenntnis von Beziehungen) zusammen. Neben dem erforderlichen *Faktenwissen* benötigen Führungskräfte dieses Beziehungswissen, um das Unternehmen im Markt zu navigieren. Beide Wissensformen zusammengenommen definieren wir als *Führungswissen*.

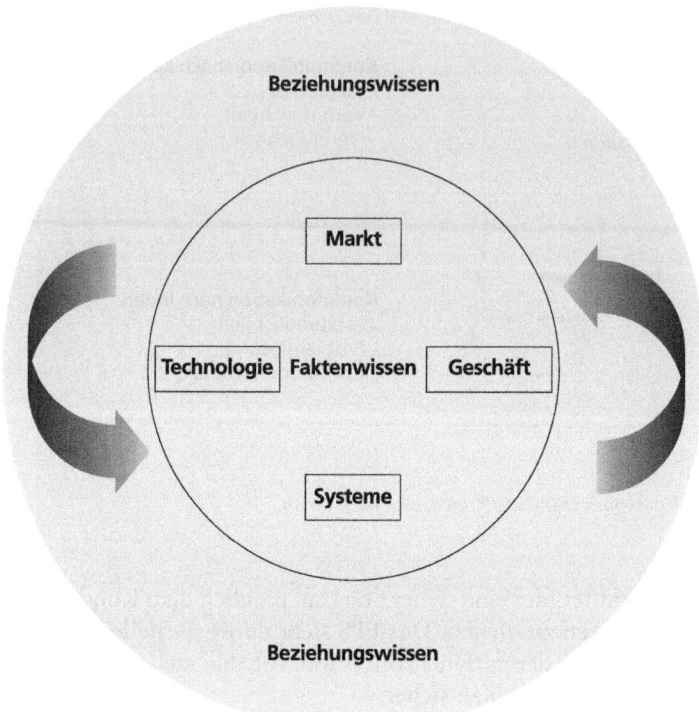

Abb. 4: *Führungswissen*

Führungskräfte können ihren Erfolg steigern, wenn sie die Wechselwirkungen zwischen diesen Einflussbereichen kennen, dieses Wissen kommunizieren und auf den Bereich beziehen, den sie verantworten, indem sie es dem dort erforderlichen Fachwissen und Handeln integrieren. Auf diese Weise bleiben sie stets auf dem neuesten Stand und können entscheiden, was als nächstes zu tun sinnvoll ist.

Die acht Schritte der Erfolgsplanung

Um die unternehmensinternen Abläufe geht es in der folgenden Grafik. Da sie diejenige Darstellung ist, die das EPS in seinem Kern zeigt, sei sie etwas eingehender erläutert.

3 Wie die Hilfe aussieht: Die Systematik des Erfolgsplanungssystems 25

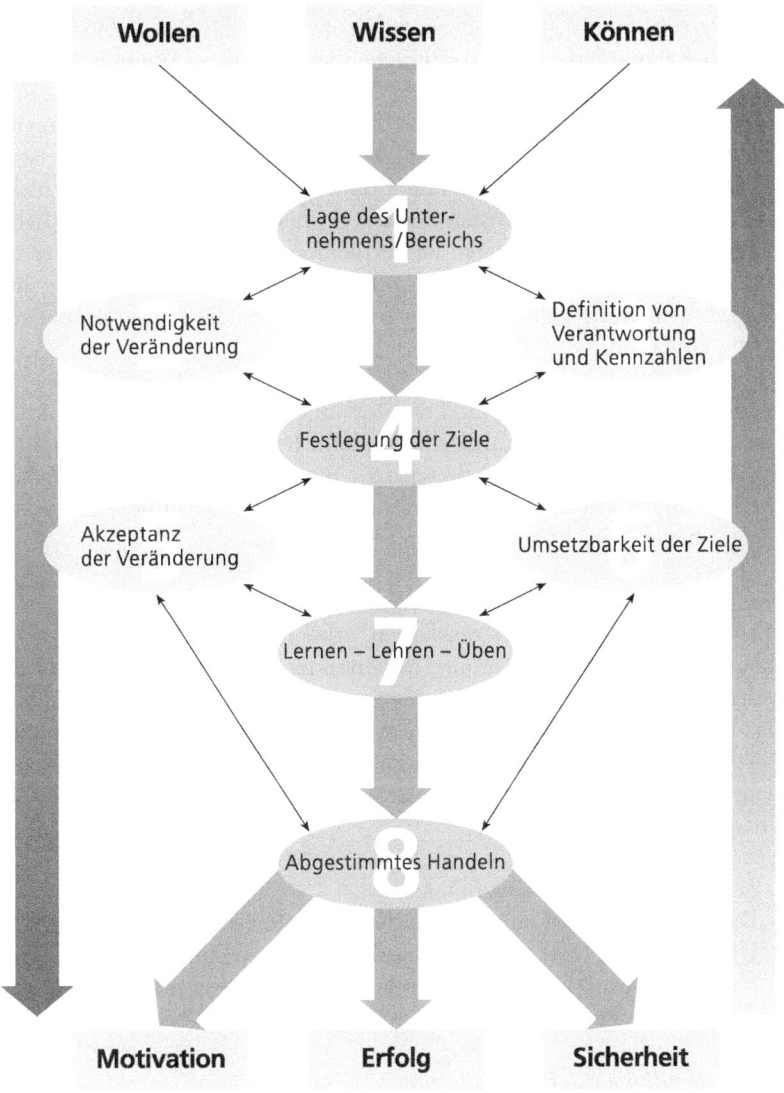

Abb. 5: Das Kommunikations- und Führungssystem der Erfolgsplanung

Zunächst ist wesentlich, die Grafik zu dynamisieren: Sie zeigt einen permanenten Prozess, der zudem iterativ ist. Wir haben es mit einem Feedback-Prozess zu tun. Jeder Schritt im Prozess hat das Ziel im Visier und wird rückgebunden an den vorhergehenden. Auf diese Weise wird jeder neue Schritt durch die Erfahrungen des vorangegangenen genährt, und so kann beurteilt werden, ob es der Zielerreichung mehr dient, den eingeschlagenen Weg beizubehalten, etwas zu korrigieren oder etwas grundsätzlich zu ändern. Wir reden daher auch von „Feedbackschlaufen" und „Korrekturschlaufen". Die Rekursionen sind zwar unbeliebt, aber nötig, um Fehlleistungen zu vermeiden, die andernfalls später im Prozess auftauchen würden, oder, positiv formuliert, Rekursionen sind nötig, um aufwändige Korrekturen von vornherein und programmatisch gering zu halten.

Es gibt eine weitere Bewegung, nämlich in der hierarchischen Struktur. Die Feedbackschlaufen funktionieren in alle Richtungen: top-down, bottom-up und auch horizontal. So wird die Wahrscheinlichkeit erhöht, dass alle Beteiligten am selben Strang ziehen, also alle koordiniert denselben Zielen dienen, und kein Tauziehen veranstalten.

Wenn Sie die Begriffe „Wollen", „Wissen", „Können" und „Motivation", „Erfolg" und „Sicherheit" anschauen, erkennen Sie, dass sie die äußere Klammer des EPS bilden. Sie sind aufeinander bezogen. Wollen und Motivation, Wissen und Erfolg, Können und Sicherheit sind jeweils Paare. Das EPS zielt darauf, Beweggründe (Wollen, Motivation) zu füttern (mit Wissen und Können), um Erfolg zu erzielen und sicherzustellen (und Sicherheit meint vor allem das Vertrauen in die Marktbeständigkeit des Unternehmens, seinen Erfolg).

1. Lage des Unternehmens/Bereichs
    Das EPS startet mit einer Bestandsaufnahme. Sie impliziert sämtliche Daten, die das Unternehmen extern (am Markt) und intern (strukturell, prozedural, personell und relational) kennzeichnen. Diese Daten sind auf das Unternehmen bzw. auf den Bereich zu beziehen.

2. Notwendigkeit der Veränderung
    Der Bestandsaufnahme folgt eine Diskussion, die die Indizien ausweist, anhand deren die Notwendigkeit der Veränderung markiert wird. Bereits in diesem Schritt genügen keine allgemeinen Statements,

sondern sollten konkrete Anzeichen benannt und ihre Brisanz begründet werden. Empfehlenswert ist auch, bereits Ziele zu formulieren. Es versteht sich von selbst, dass die Resultate aus Schritt 1 integriert und, vor allem dort, wo Unsicherheiten herrschen, rückgespielt werden, sodass in Schritt 2 der Genauigkeitsgrad der Formulierungen möglichst hoch ausfällt.

3. Definition von Verantwortung und Kennzahlen
In diesem Schritt werden die Resultate aus 1 und 2 sozusagen personell zugeordnet. Es geht darum, zu entscheiden, wer für welche Aufgaben zuständig und auch, wer für zu erbringende Ergebnisse verantwortlich ist. Aufgaben und Ergebnisverantwortung erhalten hier Namen und werden über Kennzahlen messbar, steuerbar und leistungsanreizend gemacht.

4. Festlegung der Ziele
Alles, was bisher diskutiert, geklärt und vereinbart wurde, wird in diesem Schritt (vorläufig) festgezurrt. Jeder Beteiligte weiß jetzt, was aus welchen Gründen mit welchen Zielen erreicht werden soll (und in welchem Zeitraum) sowie auch, wer jeweils die Verantwortung für Prozess und Ergebnis trägt. Dennoch kann es sein, dass später Zielkorrekturen nötig werden. Denn die definierten Ziele werden in den folgenden Schritten noch einmal einer Revision unterzogen.

5. Akzeptanz der Veränderung
Die Zielüberprüfung beginnt damit, dass die Führungskräfte, die an den Gesprächskreisen 1 bis 4 beteiligt waren, die nötigen Veränderungen ihren Mitarbeitenden erläutern. (Dazu aktivieren sie vorzugsweise Informationen aus den Schritten 1 und 2; Schritt 3 entnehmen sie die bis dato verteilten Verantwortlichkeiten, um zu skizzieren, wo der eigene Bereich in dem Netzwerk an Aktivitäten steht und wofür er speziell verantwortlich ist.) Absicht dieses Parts ist es, „Akzeptanz der Veränderung" zu schaffen oder zu erhöhen. Denn das Management benötigt die Unterstützung der Mitarbeitenden. Erfahrung, Empirie und Theorie weisen unbestreitbar aus, dass Veränderungen eher angenommen und gar willkommen geheißen werden, wenn sie nachvollziehbar sind und wenn klar ist, welche Unterstützung die Mitarbeitenden erhalten, um die geforderten Veränderungen leisten zu können. Das wird in Schritt 7 noch vertieft. Folglich sollte die Führungs-

kraft peinlich genau darauf achten, die Notwendigkeit von Veränderungen verständlich, also nachvollziehbar zu formulieren.

6. *Umsetzbarkeit der Ziele*
Nun erfolgt eine weitere Feedbackschlaufe: die Überprüfung der in Schritt 4 formulierten Ziele. Da inzwischen die Mitarbeitenden in den Kommunikationsprozess einbezogen sind, erhalten sie die Gelegenheit, die Ziele aus Schritt 4 durch die kritische Expertenbrille zu betrachten. Hier kann es also zu Zielkorrekturen kommen. Sollten Zielberichtigungen vorgenommen werden, sind sie selbstverständlich mit den Unternehmenszielen abzustimmen.

7. *Lernen – Lehren – Üben*
In „Lernen-Lehren-Üben" wird geklärt, in welchen Hinsichten die Mitarbeitenden Unterstützung durch Schulungen, Trainings off- und on-the-job, Coachings etc. sowie auch durch Unterstützung in der Hardware (Geräte, Technologie etc.) benötigen, um die geforderten Veränderungen und Leistungen zu realisieren. Lehren und Lernen wird als egalitär angelegter und wechselseitiger Prozess verstanden und inszeniert. Das bedeutet in schlichten Worten: Jeder kann von jedem lernen, und die Lern- und Lehr-Foren gehorchen sachlich-fachlichen und nicht hierarchischen Prinzipien.

8. *Abgestimmtes Handeln*
Der in der linearen Darstellung letzte Schritt zielt auf die Synchronisation, auf die Koordination der verabredeten Ziele, Prozesse und Maßnahmen. Hier kann es durchaus passieren, dass bisherige organisatorische und strukturelle Routinen des Unternehmens verändert werden müssen. Diese Veränderungen durchlaufen ebenfalls die Schritte 1 bis 8, da sie der Strategie und den Zielen des Unternehmens dienen sollen.

Noch einmal: Die Schritte 1 bis 8 sind als top-down, bottom-up und horizontal zu vollziehende Prozesse zu verstehen. Unternehmensstrategie und -ziele werden in der Logik der Iteration, als permanente, lebendige Rückbindung und Abstimmung, realisiert. Eine leistungsfähige Organisation zeichnet sich durch durchgängige Kommunikations- und Informationsstrukturen aus.

3 Wie die Hilfe aussieht: Die Systematik des Erfolgsplanungssystems 29

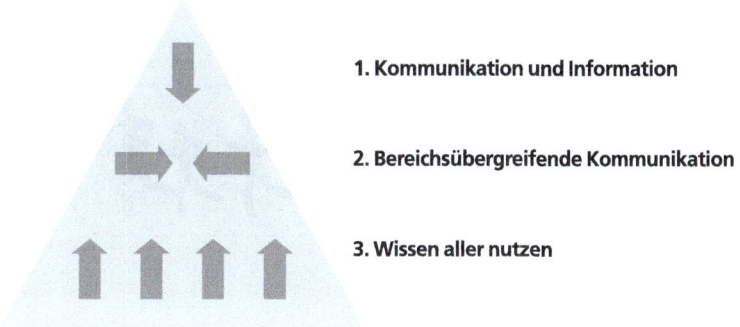

Abb. 6: *Kommunikations- und Informationsstrukturen*

Eine exzellente Kommunikation können Sie initialisieren, wenn mindestens einmal jährlich die Planungsziele und Planungsergebnisse in einer Gesamtabteilungsbesprechung allen – auch dem Vorstand bzw. der Geschäftsleitung – präsentiert werden.

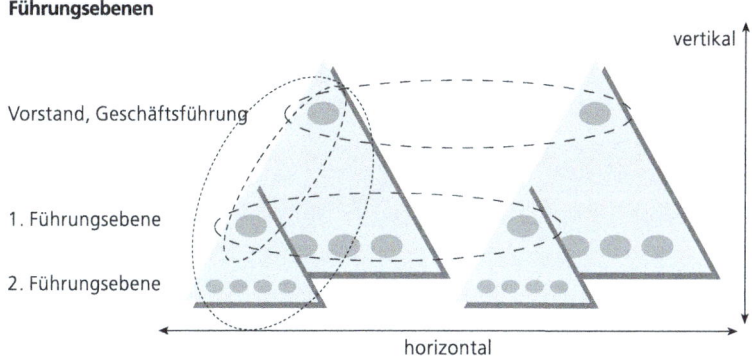

Abb. 7: *Regelmäßige Kommunikation über zwei Führungsebenen*

Der Aufwand wird damit belohnt, dass alle Beteiligten in dieselbe Richtung marschieren. Denn es ist garantiert, dass das nötige Wissen und Können nicht nur vorhanden, sondern auch zugänglich ist und genutzt wird.

Abb. 8: Gemeinsame Ziele – gemeinsamer Erfolg

4 Konkrete Einblicke in die Praxis des Erfolgsplanungssystems: Das EPS in Aktion

In diesem Kapitel zeigen wir Ihnen, wie das EPS angewandt wird. Dabei orientieren wir uns an der Abbildung „Das Kommunikations- und Führungssystem der Erfolgsplanung" auf Seite 25 und deren acht Etappen. Wir gehen so vor, dass wir anhand der Schritte 1 bis 8 einige einleitende Bemerkungen formulieren und das jeweilige Vorgehen anhand praktischer Interventionen in unterschiedlichen Unternehmen skizzieren. In Kapitel 5 beschreiben wir dann, wie man der Erfolgsplanung Nachhaltigkeit verleiht.

Lage des Unternehmens (Schritte 1 und 2)

Bewusstseinsbildung

In guten Zeiten wird die Lage eines Unternehmens selten reflektiert, und in schlechten Zeiten wird als Folge dieses Defizits meist zu hektisch agiert.

Um gründlich nachzudenken und souverän zu agieren, kommt es im ersten Schritt der Erfolgsplanung darauf an, sich ein realistisches Bild von der Lage des Unternehmens zu verschaffen und diese Bestandsaufnahme in den Köpfen der Führungskräfte und Meinungsbildner zu verankern. Man kann über die Zukunft eines Unternehmens nur gewinnbringend nachdenken, wenn die wichtigsten Fakten allen Akteuren bekannt sind.

Bei der Analyse und Beurteilung der Lage eines Unternehmens sind folgende wesentlichen Dinge zu berücksichtigen und gegebenenfalls zu untersuchen:

- Die wirtschaftliche Situation: Bilanz, Gewinn- und Verlustrechnung, Cash Flow, Liquidität, Kostenstrukturen, Kapitalrendite, Profitabilität von Produkten und Dienstleistungen etc.

- Die Wettbewerbssituation: Marktanteile, Produktvorteile, Akzeptanz von Dienstleistungen, Technologievorteile, Schutzrechte, Kundenzufriedenheit, Lieferfähigkeit, Image, Kostentreiber in der Wertkette, Abhängigkeit von Kunden und Lieferanten, Standortvorteile etc.

- Die Qualität der Führungskräfte und Mitarbeiter sowie der organisatorischen Abläufe: Motivation, Einsatzbereitschaft, Belastbarkeit, Altersstruktur, Wissensträger, Durchlaufzeiten, Reklamationskosten, Leistungsfähigkeit der Datensysteme etc.

Erfahrungsgemäß sind in mittelständischen Unternehmen nur wenige der genannten Parameter bekannt, sodass sich die Lage des Unternehmens nur grob einschätzen und nicht sicher beurteilen lässt. Verschärfend kommt hinzu, dass eine gewisse Abneigung verbreitet ist, sich systematisch mit diesen Dingen zu beschäftigen. Das ist zwar verständlich, da psychologisch motiviert, hilft dem Unternehmen indes nicht weiter.

In der Praxis zeigt sich, dass externe Berater und Moderatoren bei dem Unterfangen, eine Lagebeurteilung durchzuführen, effektiv assistieren können. In der Regel nehmen an einem solchen Initialtreffen die (oberen oder wichtigsten) Führungskräfte und „informellen Leader" des Unternehmens teil. Eine solche Führungskräftetagung erarbeitet und benennt Stärken und Schwächen sowie Chancen und Risiken des Unternehmens und legt damit den Grundstein für das, was wir Bewusstseinsbildung nennen. Gemeint ist hier, dass es gelingt, ein von allen geteiltes Verständnis der aktuellen Situation zu formulieren sowie folglich die Einsicht in die Notwendigkeit, Veränderungen einzuleiten.

Schaffen der kommunikativen Basis

Implementierung und Anwendung der Erfolgsplanung sind ausnahmslos das Resultat sachlich offener und rückhaltloser Kommunikation. Sie verdankt sich einer gemeinsamen Anstrengung, bei der sich alle dazu verpflichten, an den prospektiven Veränderungen konstruktiv mitzuarbeiten.

Die grundlegende Voraussetzung für eine erfolgreiche Einführung ist folglich, dass die beteiligten Führungskräfte den Willen haben, dieses

System aufzubauen, um das Unternehmen nachhaltig zum Erfolg zu führen. In der ersten Annäherung geht es darum, die Führungskräfte zu ermutigen, sich quasi „von außen" zu beobachten. Diese „Hubschrauber-Perspektive" ermöglicht es ihnen, sowohl die eigene Organisation in Gänze in den Blick zu nehmen als auch zu erkennen, wie das Unternehmen in seine Umwelt eingebettet ist, z. B. in die des unmittelbaren Wettbewerbs. Diese Erkenntnis wiederum versetzt sie in die Lage, notwendige Veränderungen zu erkennen.

Unsere Erfahrungen zeigen, dass in den meisten Fällen das Wissen darüber, was getan werden *müsste*, verstreut vorhanden ist, es hingegen am Wollen und/oder Können mangelt, dieses Wissen zugänglich zu machen und es erfolgsorientiert – koordiniert und synchron – einzusetzen.

Um eine kommunikative Basis zu schaffen, haben sich mehrtägige Veranstaltungen bewährt, an denen die Führungskräfte eines Unternehmens, das von einer Restrukturierung bzw. Fusion betroffen ist, sich austauschen und verständigen. Diese Veranstaltungen sind ein probates Mittel, um

- die betriebswirtschaftliche Analyse des zu restrukturierenden Unternehmens bzw. die als Resultat der Fusion gewünschten Ergebnisse vorzustellen und zu besprechen;
- in Gruppenarbeit die vermeintlichen Ursachen für die verminderte Wettbewerbsfähigkeit bzw. die Annahmen darzustellen, die die Fusionsabsichten begründen;
- Vorschläge für Maßnahmen zur Verbesserung der Lage des Unternehmens bzw. zur Erreichung der Ziele der Fusion zu erarbeiten und mit Prioritäten zu versehen;
- das Erfolgsplanungssystem zu erklären, zu diskutieren und als neues Führungssystem zu beschließen.

Führungskräftetagungen müssen gut vorbereitet und von den Geschäftsführern/Vorständen (ggf. von einem externen Moderator unterstützt) geleitet werden. Hierin liegt ein Schlüssel zum Gelingen der Verständigung und schlussendlich der Restrukturierung bzw. der Fusion.

In der Initialphase hat es sich als bedeutsam erwiesen, dass die Unternehmensführung selbst darlegt, warum eine Restrukturierung bzw. Fusion sinnvoll und hilfreich ist und warum sie sich davon verspricht, die gegenwärtige Situation zu verbessern. Diese Botschaft zu formulieren sollte die Geschäftsführung selbst übernehmen. Wird sie an einen externen Berater abgegeben, sinken die Chancen auf positive Resonanz, weil Mitarbeiter und Führungskräfte skeptisch werden. Die Wahrscheinlichkeit ist dann groß, dass sie an der inneren Überzeugung der Führung zweifeln, die Restrukturierung bzw. Fusion optimistisch und als Verbesserung des Status quo zu bewerten. Misstrauen bis hin zum passiven Widerstand (zuweilen auch aktive Opposition) sind die Quittung, wenn die Führung zu wenig Sorgfalt auf die Vorbereitung verwendet. Sie sollte sich bewusst machen, dass die anvisierten Veränderungen die vertraute Realität der Mitarbeiter fundamental wandelt.

Publikationen und Rundschreiben können zwar dabei helfen, aber sie erzeugen weder das nötige gemeinsame Bewusstsein noch Einsicht und Gefühl dafür, Veränderungen seien unabdingbar, noch gelingt es ihnen, die soziale Verpflichtung aufzubauen, durch einen eigenen Beitrag an der Veränderung mitzuwirken. Am Anfang muss daher stets die Unternehmensführung persönlich das Wort an die Betroffenen richten und aktiv mit im Boot sein. Das schließt die körperliche Präsenz bei Tagungen, Workshops und anderen Veranstaltungen mit ein.

Gewissenhaft vorbereitete und professionell durchgeführte Veranstaltungen resultieren darin, dass die neuen Zielsetzungen gemeinsam erarbeitet und deshalb verstanden werden und ein Konsens in den verabschiedeten Maßnahmen besteht. Die Führungskräfte sind erst auf dieser Grundlage fähig, Ziele und Maßnahmen mit ihren Mitarbeitern zu besprechen und deren Einverständnis und Engagement zu sichern.

Wie oft solche Veranstaltungen durchgeführt werden müssen, hängt ab von der Größe der zu restrukturierenden bzw. fusionierenden Organisation sowie von der verfügbaren Zeit. Je weniger Zeit zur Verfügung steht, desto solider muss die kommunikative Basis von Beginn an sein.

Sobald mit den Führungskräften die Lage des Unternehmens oder Bereichs diskutiert und in Arbeitsgruppen erste Lösungsansätze und Ideen entwickelt worden sind, kann man zügig daran gehen, die anderen Mitarbeiter einzubeziehen und das Verständnis für die notwendigen Veränderungen auf eine breitere Grundlage zu stellen.

Die besondere Herausforderung besteht insgesamt darin,

- die innere Logik des Unternehmens/Bereichs zu durchschauen,
- die bisherige Identität des Unternehmens/Bereichs zu überprüfen,
- durch kontroverse, aber konstruktive Diskussion den Strukturkonservatismus zu überwinden und
- über intensive Gruppenarbeit eine Revision und Akzeptanz neuer Regeln für die Führung des Unternehmens/Bereichs durchzusetzen.

Jede größere betriebliche Veränderung lebt von der Akzeptanz der durchgeführten Maßnahmen. Damit ist jede Restrukturierung hochgradig sabotageanfällig. Umso wichtiger ist es, aus Betroffenen Mitwirkende zu machen, d. h. die Mitarbeiter aktiv und intensiv in den Veränderungsprozess einzubinden. Die Erfahrung zeigt, dass der Widerstand gegen die angestrebte Veränderung umso stärker ist, je höher die Betroffenen das Risiko einschätzen. Diese Risikoeinschätzungen sind Befürchtungen. Sie betreffen sowohl das eigene Selbstbild, die persönliche Funktion und die Meriten, die in der Vergangenheit erworben wurden, als auch die Frage der Fähigkeit, mit den neuen Anforderungen Schritt halten zu können. Und selbstverständlich werden die Befürchtungen zusätzlich genährt von der Frage, ob der eigene Arbeitsplatz erhalten bleibt.

Grundlegende Veränderungen provozieren immer Widerstand, mit dem konstruktiv umgegangen werden sollte. Neben den Maßnahmen, die wir bereits in der Inszenierung erläutert haben, tragen dazu besonders Gruppengespräche bei, in denen die betroffene Führungskraft Stellung beziehen muss. Vereinzelt können auch Gespräche unter vier Augen nötig sein.

Die folgenden realen Fallbeispiele illustrieren Anlass, Inhalt und Ergebnis von Führungskräftetagungen:

Fall 1: Großhandel, ca. 70 Mio € Umsatz (Ergebnisverbesserung)

Ausgangslage: Unter der Annahme, dass sich die gute Entwicklung des Unternehmens fortsetzen würde, hatte der Unternehmer in der Absicht, seine Wettbewerbsfähigkeit noch weiter zu verbessern, ein Hochregallager gebaut. Aufgrund des einsetzenden Rückgangs in der Bauindustrie und der zunehmend schwierigen allgemeinen wirtschaftlichen Lage kam es jedoch zu keinem weiteren wesentlichen Umsatz- und Ergebniszuwachs, sodass die darlehensfinanzierte Investition die Ertragskraft über Gebühr belastete. Zudem nahmen Forderungsausfälle bei den Einzelhandels- und Handwerkskunden zu. Das Geschäft wurde von drei Standorten aus geführt.

Die von dem geschäftsführenden Gesellschafter durchgeführte Diskussion der vorhandenen Zahlen mit den Führungskräften bestätigte folgendes Bild:

- Bilanz: noch intakt
- Gewinn- und Verlust-Rechnung: fallender Rohertrag
- Liquidität: beginnende Probleme mit der Bank
- Forderungsausfälle: zunehmend
- Kostenstrukturen: nur teilweise bekannt
- Profitabilität: sinkend
- Produkte und Akzeptanz: noch gut
- Wettbewerb: zunehmend spürbar
- Kostentreiber: Lagerhaltung und Distributionslogistik
- Datensysteme: kein integriertes System
- Mitarbeiter: ungünstige Altersstruktur, Kommunikationsprobleme zwischen den Abteilungen
- Führungssystem: unternehmerbezogen

Vor der ersten Tagung mit den Führungskräften hatte der Geschäftsführer lange überlegt, ob eine solche Tagung überhaupt sinnvoll sei und ob er alle seine Zahlen auf den Tisch legen solle. Er beschloss, die Bilanz anfänglich nicht zu zeigen und nicht über sein Verhältnis zu den Banken zu sprechen. Er wurde in der ersten Veranstaltung jedoch positiv überrascht. Seine Mitarbeiter zeigten sich durchaus offen und realistisch und daher bereit, Veränderungen, die als nötig erkannt wurden, mitzutragen. Das ermutigte ihn, die Bilanz den Führungskräften später offen zu legen.

Die erste Tagung begann mit einer allgemeinen Einführung durch den Geschäftsführer. Er beschrieb die momentane Situation des Unternehmens in einer Weise, die nachvollziehbar war. Daher wunderte niemanden, dass seine Präsentation in der Feststellung kulminierte, das Unternehmen befinde sich in einer besonders heiklen und schwieriger werdenden Lage. Der Darstellung und Erläuterung der Gewinn- und Verlust-Rechnung für das vergangene und das erste Halbjahr des laufenden Jahres folgte eine Gruppenarbeit. Aufgabe der Führungskräfte war es, die aus ihrer Sicht relevanten Gründe für die Probleme zu benennen. Zudem sollten sie erste Vorschläge dazu erarbeiten, wie die Situation zu verbessern sei.

Wiederum zum Erstaunen des Unternehmers wurden die Probleme von den Führungskräften klar erkannt und akzeptiert. Zudem machten sie zahlreiche brauchbare Vorschläge, wie man die Situation in den Griff bekommen könnte.

Am Ende der Tagung wurde beschlossen, dass Folgendes notwendig sei:

- die Bestände zu reduzieren,
- den Forderungen besser nachzugehen,
- die Lagerhaltung und Logistik von einem Beratungsunternehmen untersuchen zu lassen,
- die interne Zusammenarbeit und Kommunikation sowie die Datentechnik zu verbessern,
- eine Produktgruppen-Profitabilitätsanalyse zu erstellen,
- das EPS als Führungssystem einzuführen.

Der Hauptnutzen der ersten Tagung bestand darin, dass sich Führungskräfte und Unternehmer einig waren, dass überhaupt ein Problem existierte und diverse Lösungsansätze bereits in diesem frühen Stadium denk- und machbar erschienen.

Speziell für den Unternehmer trat ein zweiter Hauptnutzen offen zu Tage. Er erkannte, dass seine Mitarbeiter konstruktiver und unternehmerischer dachten, als er es angenommen hatte, und gravierende Veränderungen mittragen würden.

... Fortsetzung auf Seite 45

Fall 2: Büromöbelhersteller, ca. 50 Mio € Umsatz (Unternehmensführung, Ergebnisverbesserung)

Ausgangslage: Aufgrund divergierender Meinungen über die Art und Weise, wie das Unternehmen in Zukunft zu führen sei, hatte sich nicht nur die Geschäftsführung, sondern auch die Belegschaft in verschiedene Lager gespalten. Mangelnde interne Kommunikation und Abstimmung hatten bereits zu unwirtschaftlichen Investitionen, Umsatzverlusten und stark rückläufigen Ergebnissen geführt.

Das Unternehmen arbeitete an einem Standort mit einem Verwaltungsgebäude, drei Produktionsstätten und zwei Lägern, eines für Zwischenprodukte und eines für Fertigprodukte.

Aufgrund der Tatsache, dass sich die beiden geschäftsführenden Gesellschafter nicht einig waren, erfolgte der erste Schritt in der Erfolgsplanung mit externer Hilfe. Der Berater und die Geschäftsführer verbrachten zwei Tage miteinander, um die gegenteiligen Ansichten darzulegen und die verfügbaren Daten aus der Buchhaltung und dem Controlling einer groben Bewertung zu unterziehen.

Zur Vorbereitung der ersten, auf Wunsch der Geschäftsführer eintägigen Veranstaltung mit den Führungskräften bereitete der Berater die Zahlen in verständlicher Form auf und formulierte die gegensätzlichen Ansichten der Geschäftsführung als Arbeitshypothesen. Außerdem bereitete er eine Präsentation über die Funktionsweise der Erfolgsplanung vor.

Es folgte eine von dem Berater moderierte Diskussion. Sodann gingen die Geschäftsführer mit ihren Führungskräften in Arbeitsgruppen. Die Ergebnisse wurden im Plenum vorgestellt. Auch diese anschließende Diskussion wurde vom Berater moderiert. Im Ergebnis kamen die Anwesenden in der Einschätzung der gegenwärtigen Situation und der Schwierigkeiten überein:

- Bilanz: Verschuldungsgrad hoch aufgrund unwirtschaftlicher Investitionen in Lager, Produktion und Bürogebäude.
- Gewinn- und Verlust-Rechnung: ausgeglichenes Ergebnis; Verlust zu erwarten
- Liquidität: monatliche Gespräche mit der Bank

4 Das EPS in Aktion

- Kostenstrukturen: nur teilweise bekannt
- Profitabilität der Produktgruppen: nur teilweise bekannt
- Produktentwicklung: Defizite in Design und Funktionalität
- Markenimage und Produktakzeptanz: noch gut
- Abhängigkeit von wenigen Händlern
- Dissonanzen zwischen Vertrieb und Produktion sowie zwischen den Geschäftsführern
- Führungssystem: undurchsichtig

Basierend auf der Bestandsaufnahme beschlossen die Anwesenden:

- eine Produktgruppen-Profitabilitätsanalyse zu erstellen,
- die Kostenstrukturen des Unternehmens darzustellen,
- eine Produktionsverlagerung zu prüfen,
- die Abhängigkeit von wenigen Kunden zu reduzieren,
- die Entwicklung einer neuen Produktreihe zu beschleunigen und
- das EPS als Führungssystem zu etablieren.

... Fortsetzung auf Seite 47

Fall 3: Werkleiter eines Produktionsbetriebs für Büroartikel, ca. 80 Mio € Umsatz (Mitarbeiterführung, Senkung der Produktionskosten)

Ausgangslage: Aufgrund des altersbedingten Ausscheidens des Werkleiters wurde ein externer Nachfolger gesucht, da man versäumt hatte, jemanden aus eigenen Reihen nachzuziehen. Es wurde auch jemand gefunden. Da der neue Werkleiter in seiner beruflichen Biografie mit einer längeren Einarbeitungszeit durch einen Stelleninhaber schlechte Erfahrungen gemacht hatte, handelte er aus, nur einen Monat lang durch den ausscheidenden Werkleiter eingeführt zu werden. Die Erwartung an den neuen Mann war, dass er die Produktionskosten wesentlich senken und zugleich die Mitarbeiterführung verbessern würde.

Um das Unternehmen rasch kennen zu lernen und sich einen Überblick über sowohl betriebswirtschaftliche Größen als auch über Führungskultur und „Stimmung" zu verschaffen, initiierte der neue Werkleiter unmittelbar nach diesem Monat eine eineinhalbtägige Tagung. An ihr nahmen der Abteilungsleiter, der Meister und der Vorsitzende des Betriebsrats teil. Der Werkleiter leitete die Tagung mit einem kurzen Vortrag über das EPS ein (der, das sei ausdrücklich angemerkt, auch vom Betriebsratsvorsitzenden Beifall fand).

Der Workshop mündete in folgende Diagnose:

- Bilanz: die Bilanz des Unternehmens war nicht bekannt
- Gewinn- und Verlust-Rechnung: die Büroartikelsparte des Unternehmens erwirtschaftete eine Umsatzrendite von 1,5 Prozent
- Kostenstruktur: die Produktionskosten lagen bei 79 Prozent vom Umsatz
- Anzahl der zu fertigenden Artikel: mehrere hundert
- Profitabilität der Produktgruppen: nur teilweise bekannt
- Markenimage: gut
- Produktakzeptanz: unterschiedlich nach Produktgruppe
- Produktqualität: Reklamationen steigend, Beschwerden des Vertriebs
- Abstimmungsprobleme mit der Umsatzplanung und Produktentwicklung und auch innerhalb des Werkes
- Führungssystem: hierarchisch, partriarchalisch

Die Ergebnisse der Arbeitsgruppen wurden in eine gemeinsame Diskussion überführt. Die Anwesenden einigten sich darauf, Folgendes zu tun:

- die Verantwortlichkeiten in der Produktion zu überprüfen und neu zu regeln,
- Arbeitskreise zur Verbesserung der Produktionskosten und Produktqualität ins Leben zu rufen,
- Kenndaten und Ziele zu erarbeiten,
- die Kommunikation im Betrieb, besonders mit der Vertriebsplanung, dem Marketing und der Entwicklung zu verbessern,
- das EPS einzuführen,
- eine Betriebsversammlung durchzuführen, um die wesentlichen Dinge der Führungskräftetagung den Mitarbeitern nahe zu bringen.

... Fortsetzung auf Seite 49

Definition von Verantwortung und Kennzahlen (Schritt 3)

Verantwortung

Die Erfolgsplanung beginnt bei der Geschäftsführung und bezieht alle Führungskräfte und letztlich alle Mitarbeiter des Unternehmens ein. Das Motto des Erfolgsplanungssystems ist: Denken – Kommunizieren – Abgestimmtes Handeln.

Wenn es in einem Unternehmen keine Instanz gibt, die das Unternehmen „denkt", das heißt gedanklich durchdringt und Zielsetzungen erarbeitet, die die Lebensfähigkeit garantieren: Wie soll ein Unternehmen dann überleben?

Da ein Einzelner heute überfordert ist, ein Unternehmen zu „denken", gilt es, das in der Organisation vorhandene Wissen zu nutzen. Das tut die Erfolgsplanung. Sie unterstellt dabei, dass Unternehmen, die an Wettbewerbsfähigkeit verloren haben, nicht richtig „gedacht" worden sind.

Die Definition der Verantwortungsbereiche und die Ermittlung von Kennzahlen dienen überwiegend dazu, die innere Logik einer Organisation zu durchschauen, das heißt zu sehen, wie die Organisation „tickt". In Restrukturierungsfällen gilt es, die Identität der Organisation kritisch zu befragen und neu zu definieren. Dies ist die ureigene Aufgabe der Unternehmensführung.

Bei der Definition der Verantwortlichkeiten unterscheiden wir zwischen spezifischer und allgemeiner Verantwortung. Die spezifischen Verantwortlichkeiten benennen, wofür der Bereich/die Abteilung/der Einzelne jeweils verantwortlich ist. In der Regel können sich alle anderen im Unternehmen darauf verlassen, dass spezifische Verantwortung wahrgenommen und die geplanten Ergebnisse erbracht werden. Beispiele dazu finden Sie im Anhang.

Verantwortung bedeutet also in erster Linie *Ergebnisverantwortung* und erst in zweiter Linie Verantwortung für Tätigkeiten. Über die spezifische Verantwortung ist auch der Beitrag zum Unternehmenserfolg definiert. So erstaunlich es klingen mag, aber in den meisten Unternehmen ist nicht klar, wer für welches Ergebnis verantwortlich ist. Die Verwirrung ist ein

Gutteil darauf zurückzuführen, dass zu viele Begriffe benötigt werden, um ein paar wesentliche Sachverhalte in einer Organisation nachvollziehbar und verbindlich darzustellen. In Organisationsrichtlinien und Dokumenten ist dann nebeneinander von Zielen, Befugnissen, Kompetenzen, allgemeinen und sonstigen Aufgaben, Tätigkeiten im Einzelnen und Besonderen usw. die Rede.

Hinzu kommt die Neigung vieler Führungskräfte, sich hinter Zuständigkeiten für Tätigkeiten zu verstecken. Das Risiko dabei ist, dass unklar bleibt, welches Ergebnis diese Tätigkeiten erbringen sollen. Genau darauf aber basieren die Planung und das Gesamtergebnis eines Unternehmens sowie die erfolgreiche Zusammenarbeit. „Verantwortlich sein" oder „Verantwortung haben" für etwas heißt, Sorge dafür zu tragen, dass anvisierte und vereinbarte Ergebnisse verwirklicht werden.

Neben den spezifischen und über Ziele definierten Verantwortlichkeiten haben Abteilungen bzw. Einzelne allgemeine Verantwortlichkeiten, die sich überwiegend mit dem Management der Abteilung befassen, wie insbesondere für

- Mitarbeiter, Organisation und Kommunikation
- Wirtschaftlichkeit des Bereichs
- Planung der Ressourcen des Bereichs
- Berichterstattung
- Sonderaufgaben
- Koordination mit anderen Bereichen, Vernetzung

Im Prinzip tragen alle Unternehmensmitglieder Verantwortung dafür, vereinbarte oder gesetzte Ziele zu erreichen, und zwar in Form ihres persönlichen Beitrags. Die Unterschiede zwischen den verschiedenen Führungsebenen (Vorstand, Geschäftsführung, Bereichsleitung, Abteilungsleitung, Gruppenleitung) ergeben sich aus dem Verantwortungsumfang und den unterschiedlichen Tätigkeiten, die zur Umsetzung dieser Ziele von den Einzelnen wahrgenommen werden.

Während die Aufgaben von Führungskräften sich auf die Prozessebene konzentrieren und daher ihren Schwerpunkt in lenkenden, koordinierenden, kommunikativen und sicherstellenden Tätigkeiten haben, liegt der Akzent bei den Mitarbeitern auf operativen Tätigkeiten.

Ermittlung von Kennzahlen

Wenn man Ergebnisse planen will, ist es empfehlenswert und z. T. unerlässlich, Verantwortungsbereiche und Verantwortlichkeiten durch Kennzahlen zu charakterisieren. Als besonders geeignet haben sich Kennzahlen erwiesen, die für Mitarbeiter durchsichtig und daher nachvollziehbar sind. Anhand solcher Kennzahlen können sie ihre eigene Leistung überprüfen. Dies wiederum erhöht die Wahrscheinlichkeit, dass sie bereit sind, sich an ihnen messen zu lassen.

Jede Abteilung kann Kenndaten über ihren Unternehmensbereich, ihre Leistung, den Umfang ihrer Tätigkeit sowie über die Wirkung und den Nutzen ihrer Tätigkeit ermitteln. In der Praxis hat sich bewährt, Kennzahlen zu definieren und diese und die Erfahrungen mit ihnen mit dem Controlling auszutauschen. Funktion und Wert der eigenen Anstrengung liegen darin, dass sich die Akteure einer Abteilung dazu zwingen bzw. sich selbst auferlegen, ihr Tun bzw. die Wirkungen ihres Tuns kritisch zu beleuchten und zu reflektieren.

Folgende Fragen helfen Ihnen, angemessene und hilfreiche Kennzahlen zu ermitteln:

- Was tue ich/tun wir hauptsächlich?
- Welches Ergebnis produziere(n) ich/wir?
- Welche Art von Leistung bringe(n) ich/wir hervor?
- Womit tue ich/tun wir was?
- Welche Auswirkungen hat mein/unser Tun?
- Stehen Aufwand und Ergebnis in einem angemessenen Verhältnis?
- Welche Daten charakterisieren meine/unsere Leistung am besten?
- Woran können und wollen wir uns messen lassen?
- Wer ist von unseren Ergebnissen abhängig?
- Von wem sind wir zur Erzielung unserer Ergebnisse abhängig?
- Wie kann die Kommunikation/Abstimmung in diesen Prozessketten verbessert werden?

Sofern Sie mit Ihren Mitarbeitern nicht im ersten Schritt Kennzahlen für ihre Verantwortungsbereiche entwickeln können, tun Sie es für die von ihnen durchgeführten Arbeiten, und ordnen diese dann ihren Verantwortlichkeiten zu. Aus der Betrachtung dieser Zuordnung erhalten Sie

Hinweise für die Charakterisierung des Verantwortungsbereichs und können konkrete Verantwortlichkeiten noch einmal überprüfen und gegebenenfalls korrigieren. Sie werden erleben, dass allein die Tatsache, dass Sie mit Ihren Mitarbeitern in dieser Weise zusammen arbeiten, ein sensibles Bewusstsein und kritische Reflexion schafft.

In der Praxis ist es sinnvoll, beschreibende, leistungsbezogene und wirkungsbezogene Kennzahlen zu verwenden.

Beschreibende Kennzahlen kennzeichnen Art und Umfang des Verantwortungsbereichs, sagen aber nur bedingt etwas über die Güte aus: Anzahl der Mitarbeiter, Budget, Ressourceneinsatz, Materialverbrauch, Investitionsbedarf, Art und Umfang der Tätigkeiten, Zeitbedarf usw.

Leistungsbezogene Kennzahlen sind Verhältniszahlen oder aus beschreibenden Zahlen abgeleitete Zahlen. Sie eignen sich für Vergleiche: Wie viel Zeit hat die Abteilung z. B. für produktive Tätigkeiten, und wie viel Zeit geht für unproduktive Dinge verloren?, Zeitaufwand für einzelne Tätigkeiten, Zeit für Kunden/andere Abteilungen/Mitarbeiter, Anzahl der Tätigkeiten/Zeiteinheit, Optimierung von Durchlaufzeiten, Beseitigung von Verlustquellen, Verbesserung der Arbeitsqualität usw.

Wirkungsbezogene Kennzahlen betrachten Folgen, die auch zeitlich und örtlich weit entfernt vom Ort der Tätigkeit, z. B. in anderen Bereichen des Unternehmens, auftreten können. Das Nachdenken über wirkungsbezogene Kennzahlen überwindet das linear-kausale Denken und erhöht durch die Betrachtung von „Randeffekten" die Erfolgsaussichten. Der Erarbeitung solcher Kennzahlen kommt daher eine große Bedeutung zu. Es sind Fragen zu stellen wie: Was bewirken Entscheidungen und Tätigkeiten, z. B. bezüglich Kundenzufriedenheit, Kostensituation, Mitarbeiterzufriedenheit? Welche beabsichtigten/unbeabsichtigten Folgen entstehen? Fördern oder hemmen die eigenen Tätigkeiten andere Bereiche?

In der Praxis ist es effektiv und nützlich, zwischen Kennzahlen zu unterscheiden, die für die finanzielle und betriebswirtschaftliche Analyse sinnvoll sind und solchen, die besonders zur Steuerung des Unternehmens oder eines Bereiches geeignet sind. Beispiele für Kennzahlen finden Sie im Anhang.

4 Das EPS in Aktion

Verfolgen wir die Aktion des Erfolgsplanungssystems weiter anhand der Fallbeispiele:

Fall 1: Großhandel (Ergebnisverbesserung)

Ausgestattet mit den protokollierten Erkenntnissen seiner ersten Führungskräftetagung besprach der Geschäftsführer das Ergebnis mit seinem kaufmännischen Leiter. Nach intensiver Diskussion und Betrachtung der datentechnischen Möglichkeiten beschlossen die beiden, das Unternehmen in Zukunft neben der üblichen Deckungsbeitragsrechnung auch in folgender Kostenstruktur darzustellen und entsprechende Kennzahlen und Zielvorgaben zu entwickeln:

Außenumsatz = 100 %
minus Einkauf (inklusive Lieferantenrabatte, Boni, Skonti)
minus Logistik (inklusive Lager- und Distributionskosten)
minus Marketing und Vertrieb (inklusive vertriebsbedingte Erlösschmälerungen)
minus Verwaltung (Personal, Buchhaltung, Datentechnik)
Ergebnis vor Steuern = 5 % (als Zielvorgabe)

Außerdem wurde von den Führungskräften nach eingehender Diskussion beschlossen, sich entsprechend neu zu organisieren, d. h. in die Bereiche Einkauf, Logistik, Marketing/Vertrieb und Verwaltung zu gliedern.

Um die Zielsetzung für das Ergebnis von 5 Prozent vor Steuern leichter zu begreifen und zu verinnerlichen, wurde der neue Ansatz „Zukunft 5" genannt und der kaufmännische Leiter als Koordinator eingesetzt. Diese Vorgehensweise wurde dem Betriebsrat gemeinsam von dem Geschäftsführer und dem kaufmännischen Leiter dargestellt. Der Betriebsrat sah die Sinnhaftigkeit des geplanten Vorgehens unmittelbar ein und sagte seine Unterstützung zu. Er tat dies in der Annahme, dass sich so die Arbeitsplätze sichern lassen würden.

Unter Beteiligung des Geschäftsführers erfolgten dann Gespräche mit den einzelnen Abteilungen, um den Mitarbeitern den neuen Denkansatz zu vermitteln, sie um ihre konstruktive Mitarbeit zu bitten und um Spekulationen und Gerüchten vorzubeugen. In diesen Gesprächen ging es erst einmal um die Vermittlung des Sachverhaltes, d. h. der Darlegung der Ausgangssituation und der bis dahin beschlossenen Neustrukturierung. Und dies in einer Weise, dass nicht der Verdacht aufkam, das Unternehmen sei kurz vor der Pleite, sondern so, dass mit diesen Maßnahmen die Lebensfähigkeit des Unternehmens gesichert würde.

Wie erwartet, erbrachte die nachfolgende Erarbeitung der neuen Kostenzuordnung einige Aha-Effekte. Es wurde deutlich, wie die gewählten Bereiche zum Unternehmenserfolg beitrugen und wo Unklarheiten und Defizite vorlagen.

Parallel zu der Kostenzuordnung wurde in den Abteilungen begonnen, über Verantwortlichkeiten, Kennzahlen und erste Zielvorstellungen zu sprechen. Bei der Definition der Verantwortlichkeiten ergab sich das oben Beschriebene: Zuerst fielen den Führungskräften und Mitarbeitern die Tätigkeiten ein, die sie verantwortlich ausübten, und erst im zweiten Schritt gelang es, die Ergebnisverantwortung der Bereiche herauszuarbeiten.

Über den gesamten Prozess bezogen, gelang es aber ohne nennenswerte Schwierigkeiten, allen Beteiligten verständlich zu machen, dass der Ergebnisbeitrag eines Bereiches zum Unternehmenserfolg vor allem dadurch zustande kommt, dass er sich anhand der Kennzahlen Ziele vorgibt, die geplanten Ziele erreicht und es dafür nötig ist, sich mit den anderen Bereichen des Unternehmens akkurat abzustimmen.

... Fortsetzung auf Seite 54

Fall 2: Büromöbelhersteller
(Unternehmensführung, Ergebnisverbesserung)

Um den noch immer latent vorhandenen Konflikt zwischen den Geschäftsführern keinesfalls neu aufflammen zu lassen und nach Möglichkeit zu beseitigen, entschied die Führungsriege, sich eines externen Beraters zu bedienen. Er begleitete den Prozess während der Einführung der Erfolgsplanung und stand auch danach für weitere Betreuungsaufgaben zur Verfügung.

Als Erstes wurde gemeinsam eine Regelung für die zukünftige Zusammenarbeit innerhalb der Geschäftsführung gefunden. Die Verabredung sah vor, regelmäßige Geschäftsleitungsgespräche zu führen, an denen der Geschäftsführer mit den Führungskräften teilnahm.

Die zweite Verabredung betraf die Kostenstruktur, die aus einer Wertkettenbetrachtung abgeleitet wurde. Die Beteiligten kamen darin überein, das Unternehmen entsprechend folgender Kostenstruktur darzustellen und zu organisieren:

> Gesamtleistung = 100 %
> minus Marketing/Vertrieb
> minus Kundendienst
> minus Entwicklung und Konstruktion
> minus Verwaltung und IT
> minus Produktion und Arbeitsvorbereitung
> minus Beschaffung
> minus Logistik
> Ergebnis vor Steuern = 6 % (als Zielvorgabe)

Als die Zielvorgabe einer Umsatzrendite von 6 Prozent vor Steuern diskutiert wurde, bestand unter den Anwesenden zwar Einigkeit darüber, dass sie durchaus verbesserungswürdig sei. Allerdings, so der Konsens, sei es wenig aussichtsreich, dass die Mitarbeiter eine höhere Zielvorgabe als erreichbar und daher akzeptabel empfinden würden. Die Führungskräfte vermuteten, dass vielen Mitarbeitern noch wenig klar sei, wie bestimmte Abläufe und Strukturen zusammenhingen. Deshalb beschlossen die Diskutanten, die folgende Grafik im Unternehmen auszuhängen:

1. Das Unternehmen bietet den Kunden seine Produkte und Dienstleistungen an und erwartet dafür einen angemessenen Preis.
2. Der Gesellschafter stellt Kapital zur Verfügung und erwartet dafür eine Dividende und Wertsteigerung.
3. Die Geschäftsführung sorgt mit der Erfolgsplanung für Transparenz: Durch bereichsübergreifende Leistungsversprechen werden Wettbewerbsfähigkeit und Profitabilität des Unternehmens sichergestellt.
4. Die Mitarbeiter stellen ihre Leistungskraft zur Verfügung und erwarten dafür Lohn und Sicherheit.
5. Der Kunde stellt sein Geld zur Verfügung und erwartet dafür eine gute Qualität von Produkt und Dienstleistung. Er vergleicht ständig im Markt und Wettbewerb.

(Anekdotisch sei hier erwähnt, dass in einer späteren Besprechung der Betriebsrat anmerkte, dass er und die Belegschaft diese Zusammenhänge sehr wohl verstünden, nicht aber, warum die Gesellschafter sich dann nicht einig seien, den Wert des Unternehmens zu mehren. Vermutlich war dies für die beiden Geschäftsführer eine der großen Lektionen aus der Einführung des EPS.)

Als Nächstes folgte eine Besprechung des Beraters und der Geschäftsführer mit dem Buchhalter und dem Controller des Unternehmens, um sicherzustellen, dass zusätzlich zur üblichen Gewinn- und Verlust-Rechnung das Unternehmen auch in der neuen Kostenstruktur abgebildet werden konnte. Beide gaben an, dass das datentechnisch möglich sei, jedoch der Mitarbeit durch die einzelnen Abteilungen bedürfe und man hier einige Probleme erwarte. Folglich wurde beschlossen, unter Beteiligung des Beraters Arbeitskreise der Abteilungen mit dem Controller zu bilden, um das Thema Verantwortlichkeiten und Kennzahlen zu besprechen. (Die Vorgehensweise erfolgte wie oben beschrieben.) Auch hier bedurfte es einigen Zuspruchs, um die Mitarbeiter von der Verantwortung für Tätigkeiten zur Verantwortung für Ergebnisse hin zu lenken.

Im Übrigen lagen die Probleme weniger bei den Mitarbeitern als bei den Leitern der Abteilungen, die aus verschiedenen Gründen sehr zögerlich vorgingen. Nach einem knappen halben Jahr waren aber auch diese Probleme überwunden, nicht zuletzt durch die Freisetzung des bis dahin für Produktion und Logistik verantwortlichen, sehr widerspenstigen Managers.

... Fortsetzung auf Seite 57

**Fall 3: Werkleiter
(Mitarbeiterführung, Senkung der Produktionskosten)**

Der aus einem Betrieb der Automobilzulieferindustrie kommende neue Werkleiter (von der Ausbildung her Maschinenbauingenieur) erkannte recht schnell, dass die Uhren in dem mittelständischen Betrieb anders gingen. Es war zwar dem Namen nach alles vorhanden: Entwicklung und Konstruktion, Fertigungsplanung, Produktion, Produktionssteuerung, Verbesserungsvorschlagswesen, Qualitätssicherung, etc. Aber die Funktionsweise und auch die Art der Zusammenarbeit blieben ihm unverständlich. Zudem hatte er im Verlauf seiner ersten Gespräche mit einzelnen Damen und Herren seiner Führungsmannschaft und in seinem Vorstellungsgespräch beim Betriebsrat des Werkes erfahren, was er bis dato nicht wusste, nämlich dass sich das Unternehmen in einer heiklen Lage befand und man von ihm „große Taten" erwarte.

Um den Nebel zu lichten, beschloss er, sich mit Hilfe der Erfolgsplanung kundig zu machen und das EPS als Führungssystem zu nutzen.

Also lud er die Führungskräfte zu einem eineinhalbtägigen Seminar (Freitag/Samstag) ein, an dem er das System erklärte. (Selbstverständlich hatte er auch seinen Geschäftsführer eingeladen, der jedoch verhindert war. Dessen Abwesenheit erwies sich im Seminarverlauf durchaus als produktiv, insofern nämlich, als Betriebsrat und die übrigen Führungskräfte frei ihre Meinungen formulierten und kontrovers debattierten.)

Entgegen den Erwartungen der Teilnehmer hielt der neue Werkleiter keine lange Rede. Vielmehr kam er ohne Umschweife zum Kern der Veranstaltung. Er erklärte das EPS und präsentierte – im Rahmen der Logik des EPS – seine Vorstellung davon, wofür ein Werkleiter und ein Produktionswerk verantwortlich seien. Er stellte folgende Aspekte heraus:

- Quantität der Produktion: Geplante Mengen werden termingerecht produziert; die dafür erforderlichen Mitarbeiter und Betriebsmittel stehen zur Verfügung;
- Qualität der Produktion: Die produzierten Güter und die Produktionsabläufe entsprechen den geforderten Qualitätskriterien;
- Wirtschaftlichkeit der Produktion: Die Produktion arbeitet innerhalb der geplanten Kostenrahmen, und die Herstellkosten der Produkte sind dem angepasst;
- Werkplanung: Die Ressourcen für die Produktion sind so geplant, dass Wirtschaftlichkeitsanforderungen erfüllt, Flexibilität gewährleistet und vorausschauende Maßnahmen ergriffen werden;
- Mitarbeiter, Organisation und Kommunikation: Das Werk pflegt eine Führungskultur, die den Mitarbeiter ernst nimmt, auf dessen Stärken setzt und bei Mängeln fördert; Organisation und Kommunikation entsprechen den Kriterien einer lernenden Organisation;
- Berichterstattung: Geschäftsführung und Mitarbeiter informieren einander wechselseitig regelmäßig, sodass alle Mitglieder des Unternehmens stets ein realistisches Bild haben von der Entwicklung des Werkes, von Plan-Ist-Vergleichen und damit von der Werksleistung.

Anschließend teilte der Werkleiter seine Führungskräfte in kleine Arbeitsgruppen auf. In diesen wurde erarbeitet, wo genau die Stärken und Schwächen des Werkes in Bezug auf die konkreten Verantwortlichkeiten lagen. Die Ergebnisse wurden im Plenum zusammengeführt und in eine Rangfolge gebracht. Die Bewertung der Stärken und Schwächen erfolgte anonym und mit Hilfe eines moderativen Procederes, um eine Gewichtung vorzunehmen und darzustellen. Jeder Punkt wurde durch die Teilnehmer von 5 = sehr stark/wichtig bis 1 = sehr schwach/unwichtig bewertet, sodass sich daraus eine Prioritätenliste dessen ergab, was zu tun war.

Um die Resultate nicht verpuffen zu lassen, sondern – im Gegenteil – für Nachhaltigkeit zu sorgen, wurden Einzelgespräche vereinbart. In diesen Gesprächen mit und zwischen den verantwortlichen Führungskräften des

Werks sollten die Ergebnisse vertieft diskutiert und Vorschläge für Transfer- oder Aktionspläne erarbeitet werden.

... Fortsetzung auf Seite 58

Festlegung der Ziele und Akzeptanz der Veränderung (Schritte 4 und 5)

Die Fähigkeit, Unternehmensziele konsequent auf die *Erfordernisse des Marktes* auszurichten, entscheidet über die Wettbewerbsfähigkeit eines Unternehmens. Dabei spielt die Kundenorientierung eine wesentliche Rolle. Sie endet allerdings exakt dort, wo der Kunde den Nutzen nicht mehr bezahlen will oder kann. Deshalb sind das Unternehmen Führende gefordert, Unternehmensziele konsequent in einem ganzheitlichen oder systemischen Ansatz zu definieren. Diese ganzheitliche Perspektive begreift die Wendung „Erfordernisse des Marktes" umfassend. Sie berücksichtigt sowohl das unmittelbare wie mittelbare Wettbewerbsumfeld als auch diejenigen Entwicklungen in anderen gesellschaftlichen Teilsystemen, die für das Geschäft des Unternehmens bedeutsam sind (wie beispielsweise technischer Fortschritt, gesetzliche Regelungen für In- und Export, Entwicklungen auf dem Rohstoff- oder Dienstleistungsmarkt etc.). Und last but not least kalkuliert die erweiterte Perspektive, welche Bedürfnisse der Kunden für Strategie und Leistungen des Unternehmens – und damit für seine Ziele – bestimmend sein sollen.

In der Praxis begegnet es uns häufig, dass die Unternehmensleitung meint, nur sie sei informiert und reflektiert genug, um unternehmerische Ziele zu formulieren. In der konkreten Beratungs- und Trainingspraxis zeigt sich jedoch eindrücklich, dass die Unternehmensleitungen unterschätzen, welches Wissen in den Mitarbeitern schlummert. Dieses Wissen bezieht sich zum einen auf interne Abläufe. Mitarbeiter haben erfahrungsgemäß zahlreiche Gedanken und Vorschläge, wie sie ihre tägliche Arbeit effizienter und effektiver gestalten können – und damit einen Beitrag leisten, um etwa Kostenziele zu erreichen. Ebenfalls der operativen Tätigkeit verdanken sich – zum anderen – Ideen, wie die Zielgruppe(n), die potenziellen Kunden, noch spezifischer angesprochen werden können, sei es durch Marketing, sei es durch Produkte, Dienstleistung oder Service. Mit diesen Verbesserungsvorstellungen können Mitarbeiter etwa zum Unternehmensziel „Kundenorientierung erhöhen" beitragen.

Mit anderen Worten: Wir ermutigen Sie dazu, in Ihrem Unternehmen Mitarbeitende zu Wort kommen zu lassen, um das Wissen, das dort vorhanden ist, im Sinne des Unternehmenserfolgs zu übersetzen. Das EPS hilft Ihnen dabei, da es ein Führungssystem ist, das aus unterschiedlichen Interessenlagen ein gemeinsames Interesse und Wollen erzeugt.

Als Ergänzung und Verstärkung können bekannte Instrumente genutzt werden wie etwa ein betriebliches Vorschlagswesen, Brainstorming-Meetings, Qualitätszirkel und Lerninseln, um nur einige zu nennen. Sie werden im Verlauf unserer Ausführungen zum EPS jedoch bemerken, dass diese Werkzeuge bestenfalls in Übergängen einen Zusatznutzen bringen, da das EPS neben anderen Nutzen auch diese Leistung garantiert: das wechselseitige Voneinander-Lernen und die hochgradige Abstimmung untereinander. Beides bedeutet: dichte Kommunikation, einschließlich des Austauschs über Möglichkeiten und Grenzen, über Innovationen und Ziele.

Geht es um *konkrete Zielformulierungen*, assistiert das EPS insofern, als es die Beteiligten nötigt, zwischen den Zielebenen zu differenzieren, insbesondere zwischen:

- Unternehmens-,
- Bereichs-,
- Abteilungs-,
- Projekt- oder Gruppenzielen und
- individuellen Zielen.

Auf allen Ebenen ist bei der Formulierung darauf zu achten, dass bestimmte Zielkriterien erfüllt werden. Ein Ziel ist:

- ergebnisbezogen: es beschreibt ein Resultat,
- überprüfbar: es ist kontrollierbar,
- zeitgebunden: es ist terminiert,

4 Das EPS in Aktion

- herausfordernd: es verlangt besonderen Einsatz,
- realistisch: es ist erreichbar,
- kontextuiert und ableitbar: es ist auf andere Ziele bezogen und geht aus einem übergeordneten Zielzusammenhang logisch hervor.

Auf der „sicheren Seite" sind Sie, wenn Sie nach der Festlegung der Ziele diese Fragen beantworten können:

- Was genau soll am Ende der Arbeit stehen? Was soll das Ergebnis sein?
- Woran ist zu erkennen, dass das Ziel erreicht ist bzw. inwiefern es erreicht bzw. nicht erreicht ist (Zielerreichungsgrad)?
- Wann ist der genaue Termin? Welcher Zeitraum steht zur Verfügung?
- Welcher besondere Einsatz muss von wem erbracht werden, was muss gelingen, damit das Ziel erreichbar ist?
- Ist das Ziel entscheidend, das heißt: hauptsächlich von meinem Beitrag abhängig (Beeinflussungsgrad)? Liegt die Ziel-Erfüllung maßgeblich in meinem Einflussbereich?
- Wo sind „Schnittstellen", um die ich mich kümmern muss? „Schnittstellen" bezeichnen hier Verflechtungen, also jene organisatorischen und funktionalen Orte sowie Personen, an denen Aktionen aus unterschiedlichen Bereichen zusammenlaufen.
- Warum oder wozu muss das Ziel erreicht werden? Zu welchem übergeordneten Ziel ist es ein wesentlicher Beitrag?

Da Ziele auf den wirtschaftlichen Erfolg des Unternehmens ausgerichtet sein müssen, sollten bei der Erarbeitung von Zielen die folgenden Punkte berücksichtigt werden. Die exemplarisch beigefügten Fragen dienen der Überprüfung der eigenen Leistung und damit der Zielfindung.

- *Markt- und Kundenorientierung:* Was macht das Unternehmen für seine Kunden einmalig? Wie kann sich das Unternehmen gegenüber dem Wettbewerb in Produkten und Leistungsmerkmalen differenzieren? Wo liegen Chancen und Risiken? Bietet das Unternehmen dem Kunden nicht nur Produkte, sondern Problemlösungen und Nutzen an?

- *Kostentransparenz und Kostenmanagement:* Wo erfolgt die Wertschöpfung im Auftragsdurchlauf? Sind vorteilhaftere Wertketten denkbar? Wie profitabel sind die gewählten Vertriebswege? Was sind die größten Kostentreiber? Wie ist die Kostenstruktur im Vergleich zur Branche? Wie beeinflussen Abhängigkeiten von Lieferanten und Kunden die Kosten? Wie sollte die Kostenstruktur optimal aussehen?

- *Mitarbeiterorientierung, Organisation und Kommunikation:* Ist der Erfahrungs- und Kenntnisstand der Führungskräfte/Mitarbeiter ausreichend? Unterstützt die Datentechnik die Wettbewerbsfähigkeit? Existiert eine prozess- und erfolgsorientierte Kommunikation? Arbeiten die Mitarbeiter gern im Unternehmen? Wie wird das Unternehmen von außen gesehen?

- *Reduzierung bzw. Verbesserung der Kosten:* Welches sind die nachhaltigsten Kostensenkungsmaßnahmen? Lassen sich die Kosten für nicht Leistungen differenzierende Maßnahmen senken? Wie werden Entwicklungskosten und Marketingkosten kontrolliert?

- *Durchlauf- und Antwortzeiten:* Sind die Durchlaufzeiten in der Auftragsabwicklung für alle Bereiche des Unternehmens bekannt? Lassen sich Durchlauf- und Antwortzeiten ergebnisverbessernd reduzieren? Wie schnell reagiert das Unternehmen auf Reklamationen?

- *Qualität und Flexibilität:* Gibt es Probleme hinsichtlich Qualität von Produkten oder Dienstleistungen? Wie gut sind die Qualität von Produkten und Dienstleistungen im Vergleich zu führenden Wettbewerbern? In welchen Bereichen könnte eine größere Flexibilität ergebnisverbessernd oder absatzfördernd sein?

Verfolgen wir hierzu die Aktion des Erfolgsplanungssystems weiter anhand der Fallbeispiele:

Fall 1: Großhandel (Ergebnisverbesserung)

Während der Diskussion der Verantwortlichkeiten und Kennzahlen war eine Komplikation aufgetreten. Diese verzögerte die Festlegung von Zahlen und war insgesamt geeignet, die Akzeptanz des Vorgehens zu gefährden.

4 Das EPS in Aktion

Die bisherige Führungsriege, die sich im Laufe der Jahre um den Unternehmer herausgebildet hatte, bestand aus dem kaufmännischen Leiter, dem Vertriebsdirektor, dem EDV-Leiter und dem Lagerleiter und entsprach nicht den neuen organisatorischen Anforderungen. Da dieses Thema dem Unternehmer unangenehm war und er zudem seine mangelnde Übung in der Durchführung größerer organisatorischer Veränderungen erkannte, ließ er sich beraten und letztlich überzeugen, dass sein Unternehmen eine anders zusammengesetzte und ergebnisverantwortliche Geschäftsleitung brauchte. Nach etwa vierwöchiger Diskussion und Überzeugungsarbeit wurde beschlossen,

- den EDV-Leiter an den kaufmännischen Leiter berichten zu lassen,
- den Leiter des Einkaufs, der bisher an den Unternehmer berichtet hatte, in die Geschäftsleitungsrunde aufzunehmen,
- einen Logistiker als Mitglied der Führungsriege neu einzustellen.

Zusammen mit dem Vertriebsdirektor hatte die Geschäftsleitung nun die gewünschte Struktur. Bis zum Eintritt des neuen Logistikers übernahm der Unternehmer die Leitung dieses Bereiches.

Bevor es an die Erarbeitung der Ziele ging, wurde erneut eine Führungskräftetagung durchgeführt. Bei dieser Tagung wurde detailliert besprochen, wie und bis wann die Führungsgespräche mit den Mitarbeitern der zum Teil neu gebildeten Bereiche erfolgen mussten. Die Ergebnisse sollten protokolliert werden.

Die Gespräche mit den Mitarbeitern orientierten sich an den Vorgaben des EPS. Entsprechend flossen in sie ein: die neu definierten Verantwortungsbereiche, die ersten Kennzahlen sowie die Kriterien zu Markt, Kunden, Kosten, Mitarbeitern, Organisation, Kommunikation, Qualität und Flexibilität. Die Diskussionen mit den Mitarbeitern ergaben einen großen, bunten Strauß von Vorschlägen. Sie wurden nach Themenbereichen geordnet und von der neuen Führungsriege auf ihr Ergebnisverbesserungspotenzial eingeschätzt. Danach wurden sie in eine Prioritätenliste überführt. Diese wiederum wurde überarbeitet, indem vor allem die zeitliche Dimension und damit die Realisierbarkeit der Vorschläge und Ziele überprüft und festgelegt wurden.

Auf der Liste der zeitlich kurzfristig (in weniger als 6 Monaten) zu realisierenden Ziele standen:

- Einführung Liquiditätsplanung
- Schaffung einer zentralen Stelle Debitorenmanagement zur Reduzierung der Forderungsausfälle
- Überprüfung und Reduzierung der Anzahl und Umschlagsgeschwindigkeit der Lagerartikel
- Überprüfung und Reduzierung der Anzahl der Lieferanten
- Durchführung einer Logistikstudie mit dem Ziel der Reduzierung der Logistikkosten
- Verbesserung der abteilungsübergreifenden Kommunikation und Abstimmung
- Überprüfung der Profitabilität der wichtigsten Produktgruppen

Auf der Liste der mittelfristig (in mehr als 6 Monaten) zu realisierenden Ziele standen:

- Zusammenfassung der Kostenstellen entsprechend der neuen Kostenstruktur
- Berichterstattung entsprechend der neuen Kostenstellenstruktur
- Analyse der Hauptwettbewerber
- Definition eines Managementinformationssystems
- Vorschläge zur Verbesserung der Altersstruktur
- Reduzierung der Logistikkosten
- Erarbeitung eines Marketing- und Vertriebsplans für das nächste Jahr
- Überprüfung der Kriterien der Vertriebssteuerung

Beide Listen gingen über die Führungskräfte zurück an die Abteilungen mit der Bitte, sie auf ihre Umsetzbarkeit zu überprüfen und innerhalb einer festgelegten Zeit Vorschläge dazu zu machen. Die Akzeptanz des gewählten Vorgehens stieg in dem Maße, in dem die Mitarbeiter einbezogen wurden und das Gefühl entwickelten, ernst genommen zu werden und „dabei" zu sein.

... Fortsetzung auf Seite 64

Fall 2: Büromöbelhersteller
(Unternehmensführung, Ergebnisverbesserung)

Wie zu erwarten, gab es auf dem Weg zur Festlegung der Ziele und Akzeptanz der Veränderung viele kontroverse Diskussionen, die teilweise wenig zielführend und konstruktiv verliefen. Um Diskussionsstil und Ergebnisse der Besprechungen zu verbessern, wurde ein Seminar über die Vorbereitung, Durchführung und Nachbereitung von Besprechungen zwischengeschaltet. Eine wesentliche Verbesserung wurde zusätzlich dadurch erreicht, dass die Führungskräfte abwechselnd die Besprechungen vorzubereiten und zu leiten hatten.

Waren die ersten Besprechungen von den Beteiligten noch als nutzlose Zeitverschwendung bezeichnet worden, kam mit zunehmender Übung und durch die Gewöhnung an das gemeinsame Nachdenken und die gemeinsame Diskussion langsam die Einsicht, dass die Veranstaltungen nützlich, fruchtbar und weiterführend waren. (Ein Jahr später fielen des öfteren Bemerkungen wie: „Das hätten wir eigentlich schon viel früher so machen können.")

Aus den Bereichen Marketing/Vertrieb, Kundendienst, Entwicklung und Konstruktion, Verwaltung und IT, Produktion und Arbeitsvorbereitung, Beschaffung und Logistik kamen mehr als zweihundert Vorschläge für ergebnisverbessernde Maßnahmen: zum Teil naive, zum Teil exotische, überwiegend brauchbare. Das gemeinsame Diskutieren hatte zudem den Effekt, dass die Zielvorgabe einer Umsatzrendite von 6 Prozent vor Steuern allgemein akzeptiert und als machbar erachtet wurde.

Im Rahmen einer Führungskräftetagung wurden Vorschläge zu Zielen umgeformt, Ziele nach Prioritäten geordnet und festgelegt, welcher Bereich die Maßnahmen dazu erarbeiten und koordinieren sollte.

Den beiden Geschäftsführern war mittlerweile klar geworden, dass ihre gegensätzlichen Meinungen überwiegend auf Glauben und nicht auf Wissen beruht hatten. Sie lernten sehr viel aus den Gesprächen mit den Führungskräften und näherten sich zunehmend an.

... Fortsetzung auf Seite 66

Fall 3: Werkleiter
(Mitarbeiterführung, Senkung der Produktionskosten)

Wie erwähnt, setzte der Werkleiter die Besprechung der Ergebnisse in Einzelgesprächen fort. In diesen Gesprächen zwischen ihm und dem jeweiligen Abteilungsleiter vereinbarten die beiden, worin genau der Ergebnisbeitrag der jeweiligen Abteilung liegen sollte. Als Grundlage und Referenzrahmen dieser Definition diente die spezielle Verantwortung, der sich der Abteilungsleiter zu stellen hatte.

Aus diesen Gesprächen entwickelte der Werkleiter einen „Führungsbaum", in dem er den Verantwortlichkeiten des Werkes die jeweils spezifischen Verantwortlichkeiten der Abteilungen abbildete. Diesen Überblick präsentierte er allen Führungskräften. Dabei war er für Korrekturen offen, da es ihm ein großes Anliegen war, dass der Führungsbaum von allen Bereichen verstanden und akzeptiert werden konnte. Da der Baum Verantwortungen und Bereiche in Beziehung zueinander setzte, blieb noch die Frage nach den Abhängigkeiten. In der anschließenden Diskussion rückten die Beteiligten diese (Inter-) Dependenzen in den Mittelpunkt. Im Rahmen dieser Klärung bezogen sie in einem weiteren Schritt diese Interdependenzen auf die Stärken und Schwächen, die sie in der vorangegangenen Führungskräftetagung ermittelt hatten.

Auf diese Weise erhielten sie eine Diagnose und einen Überblick über den Status quo und konnten später daraus Verbesserungsmaßnahmen ableiten. Aus dieser Diskussion ging eine Liste hervor, die markierte, welche Schwächen das Werk selbst beheben könne und welche Schwächen durch die Abhängigkeit von anderen bedingt sei.

Diese Diskussion war in Teilen sehr heftig und kontrovers und nicht frei von direkten oder indirekten Schuldzuweisungen. Der Werkleiter bemühte sich, die Kontroverse zu versachlichen, indem er auf betriebswirtschaftliche Fakten verwies. Beispielsweise erklärte er, warum Produktionskosten von 79 Prozent vom Umsatz nicht wettbewerbsfähig seien und dass es keine andere Alternative gebe, als die Kosten zu reduzieren. Dieser Teil der Debatte mündete denn auch in Einvernehmlichkeit. Keiner konnte sich der Einsicht entziehen, dass eine Veränderung notwendig sei. Die Teilnehmenden einigten sich darauf, eine Senkung der

4 Das EPS in Aktion

Produktionskosten im ersten Schritt auf 72 Prozent vom Umsatz anzustreben. Um den Ehrgeiz anzustacheln und zu demonstrieren, dass er einen weit größeren Senkungsspielraum für realistisch hielt, kündigte der Werkleiter an, ein Betriebsfest zu organisieren, sobald die 10-prozentige Kostenreduktion erreicht sei.

Drei Wochen später fand erneut eine Führungskräftebesprechung statt. In dieser Besprechung stellten die Führungskräfte dar, welche Zielsetzungen sich für ihre Abteilung zur Erreichung der Kostenreduzierung ergaben.

Da die Führungskräfte nicht geübt darin waren, Ziele in der obigen Stringenz zu formulieren und sie mit ihren Mitarbeitern gründlich zu besprechen, entbehrten die Zielformulierungen sowohl der Verbindlichkeit als auch der Abstimmung innerhalb der Abteilung. Der Werkleiter war sich dieser Tatsache bewusst, erhob in der ersten Runde dagegen jedoch keinen Einspruch. Er kündigte allerdings an, in den nächsten Tagen die Abteilungen zu besuchen und – gemeinsam mit den Mitarbeitern – über die Ziele zu diskutieren. Wie erwartet, ergaben sich aus diesen Gesprächen zusätzliche Einsichten. Am Ende der Gespräche bat der Werkleiter die jeweilige Führungskraft, ihre Zielsetzungen entsprechend zu überarbeiten.

Ein erwünschter Nebeneffekt dieser Gespräche war, dass die Mitarbeiter den neuen Werkleiter nicht nur zu Gesicht bekamen, sondern ihm auch gleich einen Teil ihres Wissens anvertrauen konnten. Der Betriebsrat versicherte dem neuen Werkleiter, dass sein Zuhören gut angekommen sei.

Nach der Überarbeitung der Zielsetzungen durch die Führungskräfte wurden diese noch einmal in einer Besprechung im Führungskreis abgestimmt und dann als verbindlich festgeschrieben. In einer Betriebsversammlung erfuhren alle Mitarbeiter den wesentlichen Inhalt der bisherigen Gespräche. Außerdem wurden sie darüber informiert, dass das EPS zur Existenzsicherung des Werkes eingeführt werde.

... Fortsetzung auf Seite 67

Umsetzbarkeit der Ziele, Lernen, Lehren, Üben
(Schritte 6 und 7)

Wie zu Beginn des Kapitels erwähnt, hängen die Ziele, die sich ein Unternehmen zu erreichen vornimmt, unauflösbar zusammen mit der Anpassungsfähigkeit an veränderte Marktlagen und Kundenbedürfnisse. Beides ist, will ein Unternehmen erfolgreich sein, miteinander verwoben. Anpassung hat mit Veränderung zu tun, und Veränderung wiederum provoziert Lernprozesse. Insofern ist jede Unternehmensleitung aufgerufen, Lern- und Lehrprozesse innerhalb des Unternehmens zu ermöglichen.

Ebenso wie heute das Bonmot kursiert: „Veränderung ist die einzige Kontinuität", beschreibt Lernen einen dynamischen und permanenten Vorgang. Individuell wie sozial oder kollektiv. Ohne Lernpsychologie und Hirnforschung zu bemühen, können wir die wesentlichen Abläufe beim Lernen kurz benennen:

- Informationsaufnahme aus der Umwelt
- Verarbeitung dieser Informationen (sowohl für jeden Einzelnen als auch kollektiv, in der Gruppe)
- Vergleich mit persönlichen und sozialen Erfahrungen sowie mit bestehenden Normen und Werten
- Einspeisen des Aktuellen in das Erfahrene und Gedachte (Vernetzung aller Daten)
- In-Beziehung-Setzen des Aktuellen zur Zukunft
- Ableiten von Entscheidungen und Handlungen

Wenn wir gerade betonten, dass in jedem Unternehmen Möglichkeiten geschaffen sein sollten, um Lern- und Lehrprozesse, also das wechselseitige Lernen als Kulturelement zu verankern, so geschieht dies unter anderem aufgrund einer unbestreitbaren Tatsache. Die rasante Vermehrung an Wissen, die Zunahme von Spezialisierungen und damit Spezialisten erlaubt es einem einzelnen Menschen nicht mehr, die vielfältigen Einflüsse, denen ein Unternehmen ausgesetzt ist, zu begreifen und zielgerichtet einzuordnen. Auch der erfolgreichste Firmengründer oder kompetenteste Geschäftsführer muss kapitulieren angesichts der Fähigkeiten und Fertigkeiten, die er braucht, um das Unternehmen am Markt zu halten. Daher ist es nötig und empfehlenswert, für dreierlei zu sorgen:

4 Das EPS in Aktion

- dass die Kommunikationsdichte im Unternehmen (systematisch!) garantiert ist, dass Wissen und Können ausgetauscht werden („Wissensmanagement"),
- dass das Wissen und Können aller Unternehmensmitglieder zugänglich ist, um es nutzen zu können,
- dass Lernen als Prozess nicht nur erlaubt, sondern geboten ist (Lernkultur).

Ein Unternehmen kann dieses Umfeld wechselseitigen Austauschs und gegenseitiger Förderung bereits dadurch schaffen, dass einige Minimalbedingungen erfüllt werden. Zu ihnen gehören die folgenden:

- Eine unternehmerische Zielsetzung
- Transparenz bei Unternehmenszahlen und -ergebnissen
- Veröffentlichung der wichtigsten, übergeordneten Unternehmensziele
- Management von Ressourcen und Innovationen
- Aufbau leistungsfähiger Kommunikationsstrukturen nach innen und außen, einschließlich Foren zum Austausch von Wissen und Kompetenzen
- Programm zur Entwicklung und Förderung von Mitarbeitern (Personalentwicklung)
- Führungsphilosophie des „empowerment". Mit diesem Modewort wird eine Führungsauffassung bezeichnet, die – wie das EPS – großen Wert darauf legt, dass alle Mitglieder eines Unternehmens, eben auch die nichtführenden Mitarbeiter, befähigt werden, unternehmerisch zu denken und zu handeln.

Bereits diese geringe Anzahl von Konditionen erleichtert es, eine Kultur zu gestalten, die selbstständige und kompetente, eigenverantwortlich arbeitende und initiative Führungskräfte und Mitarbeiter erzieht. Transparenz und die Förderung proaktiver Kommunikation begünstigen, dass das Unternehmen diejenigen Führungskräfte und Mitarbeiter erhält, die es verdient, nämlich:

- Mitarbeiter, die die präsentierten Zielsetzungen verstehen, kritisch würdigen und entsprechend handeln,
- Führungskräfte, die die Zielsetzungen mit Weitblick weiterentwickeln,
- Führungskräfte und Mitarbeiter, die durch wechselseitigen Respekt, konstruktive Kritik und gemeinsames Wollen verbunden sind.

Die Kriterien können als Richtschnur der täglichen Praxis behandelt werden. Sie gewährleisten, dass alle Unternehmensmitglieder überprüfen können, ob ihr Handeln innerhalb der definierten Rahmenbedingungen und des vereinbarten Zielhorizonts verbleibt und auch, ob es weitergehenden unternehmerischen Ansprüchen genügt.

Das Kunststück der Unternehmensführung besteht also einerseits darin, dass das Unternehmen einen permanenten Lern- und Lehr-, Austausch- und Abstimmungsprozess intern garantiert. Und andererseits darin, dass dieser Vorgang wiederum abgestimmt wird mit den Impulsen aus der Umwelt des Unternehmens und mit den äußeren Veränderungen. Und drittens kommt es entscheidend darauf an, Strategie, Struktur und Ziele innerhalb des Spannungsfeldes von Unternehmen und Umwelt zu bestimmen. Erst dann können Wissen und Kompetenzen von Personen zielorientiert genutzt werden und ist synchrones Agieren möglich.

Das EPS leistet dabei wertvolle und effektive Unterstützung. Es zeichnet Rahmenbedingungen und gibt Abläufe vor. Beide kanalisieren Aktivitäten und machen diese erwartbar, sodass Handlungssicherheit entsteht. Entscheidungen, Handlungen und Maßnahmen laufen koordiniert ab.

Das EPS ist ein Führungssystem, das hält, was es verspricht, nämlich:

- Es ist für alle Mitglieder verständlich und nachvollziehbar.
- Seine Einführung benötigt einen überschaubaren Aufwand, ebenso seine alltägliche Pflege, die es in der Anwendung erhält.
- Es ist in kleinen wie in größeren mittelständischen Unternehmen und seinen Einheiten einsetzbar.
- Es passt sich dem jeweiligen Organisationsgrad der Einheit an und kann zu jedem Zeitpunkt in Stufen eingeführt werden.
- Es ist auf alle Unternehmensbereiche anwendbar, auf produktive wie auf administrative oder Service- Bereiche.
- Es inkludiert alle Hierarchieebenen.
- Es fordert eine regelmäßige Berichterstattung.
- Es fördert, ja erzwingt die Zusammenarbeit einzelner Bereiche, auch bereichsübergreifend, und bindet alle Mitglieder in den Zielplanungsprozess ein.
- Es weist Verantwortungsbereiche der Mitarbeiter aus und basiert auf eben diesen.

4 Das EPS in Aktion

- Es lässt sich mit diversen Systemen der Personalbeurteilung und Vergütung verknüpfen.
- Es verbessert die innerbetriebliche Kommunikation zwangsläufig.

Zurück zur Umsetzbarkeit von Zielen. Die formalen Kriterien haben wir bereits genannt; ebenso die Notwendigkeit ausgeführt, Lernen und Lehren, aktiven Austausch als Kulturelement zu verankern. Haben diese Ausführungen bereits belegt, dass das EPS vorrangig eine Führungsaufgabe ist, so heben wir jetzt einzelne praktische Aspekte hervor, die Leistungswillen und Leistungsfähigkeit der Unternehmensmitglieder anstacheln und zeigen, welche Maßnahmen in der Mitarbeiterführung nötig sind – nicht zuletzt, um Selbstmotivation wahrscheinlich zu machen.

Leistungswille und Leistungsfähigkeit sind untrennbar miteinander verbunden. Es nützt nichts, etwas zu wollen, wenn das Können fehlt, das Ziel zu erreichen. Ebenso nützt es nichts, wenn das Können besteht, es aber am Wollen, der Motivation zu Engagement, mangelt.

Zusammengefasst und im Überblick geht es um diese Initiativen:

- Jede Führungskraft sollte sich selbst zum Gegenstand der Betrachtung machen und prüfen, wo die eigenen Ambitionen, Fähigkeiten und Fertigkeiten, Neigungen und Abneigungen liegen. Sie sollte kritisch beäugen, ob und inwiefern sie die anliegenden Aufgaben erfüllen will und kann und kristallisieren, woran sie persönlich: im Auftritt und in der Führung, und fachlich-sachlich: um die Aufgaben bewältigen zu können, arbeiten muss.
- Die Führungskraft ist aufgefordert, im ständigen Dialog mit den Mitarbeitern deren Leistungsfähigkeit und Leistungswillen einzuschätzen.
- Innerhalb dieses permanenten Dialogs geht es zentral darum, Fähigkeiten in Fertigkeiten zu verwandeln und Motivation dadurch dauerhaft zu machen, dass Mitarbeitern konkrete Angebote unterbreitet werden, wie sie Lücken füllen können. Es geht um Schulungen und andere Lern- oder Befähigungsmaßnahmen.
- Dabei hat die Führungskraft die unternehmerischen Ziele im Blick, und zwar die unmittelbaren wie auch mittel- und langfristigen. Sie dienen als Referenzrahmen für die Gespräche und Entwicklungsaktivitäten.
- Die Führungskraft sollte Foren institutionalisieren, also erwartbar und regelmäßig durchführen, damit sowohl Austausch als auch Abstim-

mung gewährleistet sind, als auch das Aufdecken von Defiziten im Wissen, Können, Wollen.
- In praxi sprechen wir gern von einer Kompetenz- und Entwicklungs-Matrix. Bei ihr geht es darum, Unternehmensziele zu den vorhandenen und benötigten Kompetenzen in Beziehung zu setzen. In Frageform gekleidet, muss die Führungskraft gemeinsam mit ihren Mitarbeitern klären:
- Wohin will das Unternehmen? Welche Ziele sind zu erreichen?
- Worin besteht der Beitrag unseres Bereichs?
- Welche Strukturen, welche Arbeitsabläufe, welche Kompetenzen (Wissen, Können, Wollen) benötigen wir, um unseren Beitrag zu leisten?
- Über welche dieser Strukturen, Abläufe, Kompetenzen verfügen wir bereits?
- Welche fehlen uns?
- Was können wir von dem, was uns fehlt, eigenständig ausbauen, und was müssen wir von außen einkaufen?
- Erst nachdem diese Fragen beantwortet sind, können die Beteiligten daran gehen, einen Plan zu entwerfen, dessen Aufgabe es ist, definierte Ziele zu realisieren. Bei alldem wird die Führungskraft mit dem Umstand konfrontiert, je nach Hierarchieebene, Funktion und Mitarbeiter unterschiedliche Rollen einzunehmen und verschiedene Führungsstile und -methoden anzuwenden.

Betrachten wir auch in dieser Phase das EPS in Aktion:

Fall 1: Großhandel (Ergebnisverbesserung)

Koordiniert durch die Abteilungsleiter oder dafür bestimmte Projektmanager wurden Arbeitsgruppen gebildet, die sich mit den einzelnen Themen befassten. Unabhängig vom Thema und damit den zu erledigenden Arbeiten trafen sich die Arbeitsgruppen wöchentlich, um den Fortschritt der Arbeiten und anstehende Fragen zu besprechen. Die Ergebnisse der Arbeitsgruppen wurden monatlich in einer Führungskräftebesprechung von den Projektverantwortlichen vorgetragen. Sie wurden zusammengefasst und auf die Zielerreichung insgesamt überprüft. Gleichzeitig wurde festgelegt, welche Mitarbeiter in diesem Zusammenhang geschult werden sollten, wer die Schulung übernehmen würde und ob eine Schulung durch einen externen Berater erfolgen sollte.

Als erstes Projekt wurden folgende Ziele definiert und Maßnahmen zur Verwirklichung vereinbart:

- Einführung Liquiditätsplanung: Zur Absicherung der Vorgehensweise wurde der Controller eines am Ort ansässigen Industrieunternehmens konsultiert. Die Umsetzung erfolgte durch eine Mitarbeiterin aus der Buchhaltung.
- Schaffung einer zentralen Stelle Debitorenmanagement zur Reduzierung der Forderungsausfälle: Ein Mitarbeiter, der sich bereits teilweise mit diesem Thema befasst hatte, wurde gebeten, diese Aufgabe zu übernehmen und regelmäßig mit den Leitern der Standorte die Debitorenlisten durchzugehen, geeignete Maßnahmen abzusprechen und wöchentlich dem kaufmännischen Leiter und dem Unternehmer einen Überblick zu geben.
- Überprüfung und Reduzierung der Anzahl und Umschlagsgeschwindigkeit der Lagerartikel: Die Ermittlung der Lagerumschlagshäufigkeit erfolgte problemlos mit Hilfe des existierenden Datensystems. Zur Reduzierung der Anzahl der lagerhaltenden Artikel wurde eine Arbeitsgruppe gebildet, bestehend aus dem Leiter eines Standortes, einem Innendienstleiter, einem Mitarbeiter des Außendienstes, dem Produktmanager, dem Leiter des Einkaufs und dem Lagerleiter. Schon beim ersten Treffen dieser Arbeitsgruppe stellte sich heraus, dass diese Thematik ohne detaillierte Betrachtung der Kundenanforderungen und einer Reduzierung der Lieferanten nicht zufrieden stellend lösbar sein würde.
- Überprüfung und Reduzierung der Anzahl der Lieferanten: Diese Aufgabe wurde einem Projektteam, bestehend aus dem Produktmanager, dem Einkaufsleiter, dem Vertriebsdirektor und dem Unternehmer selbst, übertragen.
- Durchführung der Logistikstudie mit dem Ziel der Reduzierung der Logistikkosten: Zu diesem Zweck wurde ein externer Berater hinzugezogen. Dieser übernahm auch die Aufgabe, einen Logistikleiter zu finden.
- Verbesserung der abteilungsübergreifenden Kommunikation und Abstimmung: Auf Grund der durch die Projektarbeiten stark steigenden internen Kommunikation wurde beschlossen, das Thema nicht mit einer Arbeitsgruppe zu besetzen, sondern in einem halben Jahr die Mitarbeiter zu befragen.
- Überprüfung der Profitabilität der wichtigsten Produktgruppen: Auf Grund des nicht integrierten Datensystems wurde eine Arbeitsgruppe

aus dem kaufmännischen Leiter, einem weiteren Mitarbeiter der Buchhaltung, dem Leiter der EDV-Abteilung und dem Leiter des Innendienstes eines der Standorte gebildet, um über verschiedene Auswertungen ein erstes Bild zu bekommen.

- Zusammenfassung der Kostenstellen entsprechend der neuen Kostenstruktur: Der kaufmännische Leiter übernahm die Aufgabe, dies zu tun, damit die Planung für das nächste Jahr auch in dieser Struktur ermöglicht würde.
- Analyse der Hauptwettbewerber: Diese Aufgabe übernahm der Produktmanager zusammen mit dem Vertriebsdirektor und einem Standortleiter.
- Definition eines Managementinformationssystems: Hierzu wurde beschlossen, sich bei anderen, nicht im direkten Wettbewerb stehenden Großhändlern der Branche zu erkundigen. Diese Aufgabe übernahm der Unternehmer zusammen mit dem Leiter EDV.
- Vorschläge zur Verbesserung der Altersstruktur: Auf Grund der vielen vorliegenden Projekte wurde beschlossen, diesen Punkt zu einem zentralen Thema der nächsten Jahresplanung zu machen.
- Erarbeitung eines Marketing- und Vertriebsplans für das nächste Jahr: Diese Aufgabe übernahmen der Produktmanager und der Vertriebsdirektor.
- Überprüfung der Kriterien der Vertriebssteuerung: Entgegen der Meinung des Vertriebsdirektors wurde beschlossen, hierzu externe Hilfe in Anspruch zu nehmen.

... Fortsetzung auf Seite 70

Fall 2: Büromöbelhersteller
(Unternehmensführung, Ergebnisverbesserung)

Die Führungsriege stellte die Prioritätenliste ihren Mitarbeitern in Abteilungsbesprechungen vor (die es bisher nicht gegeben hatte). Anschließend wurden zu den einzelnen Themen Arbeitsgruppen gebildet, die Maßnahmen zur Umsetzbarkeit der Ziele erarbeiteten. Gleichzeitig wurde festgehalten, wo Schulungsbedarf existierte.

Es bereitete keine wesentlichen Schwierigkeiten, die Maßnahmen zur Erstellung der Produktgruppen-Profitabilitätsanalyse und der Kostenstrukturen des Unternehmens zu erarbeiten. Ebenso wenig strittig waren die Aktivitäten, die sowohl die Entwicklung einer neuen Produktreihe beschleunigen sollten als auch die Neukundengewinnung. Allerdings fiel die Diskussion um die Verbesserung der Produktions- und Lagersituation zäh aus. Und dies aus zwei Gründen. Zum einen war die Offenlegung der Fehlinvestitionen ein schwieriges Thema, und zum anderen war die Lösung der Probleme in der Tat besonders diffizil. Letztlich wurde beschlossen, eine Produktionshalle still zu legen und eine andere zu erweitern. Durch die Verbesserung des Materialflusses sollte Geld gespart werden. Der Betriebsrat sah die Notwendigkeit dieser Maßnahme ein und stimmte einer damit verbundenen Personalreduzierung zu.

Da diese Veränderung mit der Notwendigkeit einer kompletten Veränderung des Planungsprozesses einherging, wurde vereinbart, externe Hilfe in Anspruch zu nehmen. Die beiden Geschäftsführer ließen sich davon überzeugen, dass sie beide in den Lenkungsausschuss für dieses Restrukturierungsprojekt hinein mussten. Auf diese Weise konnten sie Unstimmigkeiten vermeiden bzw. sofort harmonisieren und demonstrierten sie den Mitarbeitern, hinter den Maßnahmen zu stehen und gemeinsam am selben Strang in dieselbe Richtung zu ziehen.

... Fortsetzung auf Seite 71

**Fall 3: Werkleiter
(Mitarbeiterführung, Senkung der Produktionskosten)**

Die in vielen Gesprächen erarbeiteten Ziele wurden anschließend in den Abteilungen auf ihre Umsetzbarkeit überprüft. Gleichzeitig wurde festgehalten, ob und welcher Schulungs- und Trainingsbedarf bestehe.

Zur Optimierung der Kostenstruktur wurden in allen Abteilungen Teams gebildet, die sich mit der Verbesserung der Arbeitsabläufe, der Qualität, des innerbetrieblichen Transports, der Reduzierung des Materialeinsatzes etc. befassten. Eine der ersten Aufgaben dieser Teams war, die zu erwartenden Verbesserungen noch einmal abzuschätzen. Der Werkleiter schärfte den Führungskräften ein, dass er keine Wunschziele haben wolle, sondern erreichbare Ziele, an denen sich die Mitarbeiter auch messen lassen wollten.

Für ein weiteres Ziel, nämlich die Reduzierung der Anzahl der zu fertigenden Artikel, musste sich der neue Werkleiter dem durchaus holprigen Gedankenaustausch mit den Produktmanagern, dem Vertriebsleiter und dem Geschäftsführer stellen. Letztlich führten die Gespräche auch hier zu einer Arbeitsgruppe, bestehend aus Mitarbeitern der Bereiche Marketing, Vertrieb, Controlling, Entwicklung und Produktion. Die Aufgabe, die sie zu bewältigen hatten, und damit das Ziel, das sie erreichbar machen sollten, lautete, die Anzahl der zu fertigenden Artikel um 20 Prozent zu reduzieren.

Ein weiteres Team wurde gebildet. Es setzte sich zusammen aus Mitarbeitern des Marketings, Controllings, der Buchhaltung und des Einkaufs. Aufgabe war, die Profitabilität der Produktgruppen aus Eigenfertigung zu ermitteln. Die Aufgabenstellung sollte das Ziel realisierbar machen, innerhalb von drei Monaten zumindest eine grobe Einschätzung der Profitabilität aller Produktgruppen vorzuweisen.

Das hürdenreichste Unterfangen bestand darin, die Abstimmungsprobleme für Umsatzplanung und Produktentwicklung sowie die mangelnde Koordination innerhalb des Werkes zu beheben. Zu diesem Zweck wurden diejenigen Personen in Gesprächen zusammengebracht, von denen angeblich die Probleme ausgingen. Dieses Unterfangen war nicht so einfach, wie es sich anhört. Denn nur selten wurden die Probleme beim Namen genannt. Die Beteiligten versteckten sich hinter pauschalen Bemerkungen und Anschuldigungen. Der Werkleiter nahm sich deshalb dieser Probleme selbst an. Er ging den Problemen persönlich nach, indem er sich ins Werk bzw. an den Arbeitsplatz der betreffenden Personen begab und mit ihnen sprach. Auch an den Diskussions- und Klärungsrunden, die Koordinationsmängel zwischen den Bereichen beheben helfen sollten, beteiligte er sich persönlich. In Geduld und Verhandlungsgeschick verlangenden Gesprächen einigten sich schließlich alle auf Maßnahmen, die das Ziel in Sichtweite brachten.

... Fortsetzung auf Seite 73

Abgestimmtes Handeln (Schritt 8)

Über den Unternehmenserfolg entscheiden letztlich der Markt und die Kunden, indem sie die Produkte und Dienstleistungen des Unternehmens kaufen. Um Aufwand und Ertrag in ein günstiges Verhältnis zu setzen, erleichtert es sich ein Unternehmen, wenn die internen Abläufe reibungsarm und daher kostenarm organisiert sind.

Der modernen Naturwissenschaft, aber auch den Sozialwissenschaften verdanken wir die Erkenntnis, dass nur solche Systeme langfristig Bestand haben, die über einen austarierten Rückkopplungs- oder Feedback-Mechanismus verfügen und daher Abläufe synchronisiert, das heißt, zeitlich aufeinander abgestimmt sind. (Denken Sie beispielsweise an Ihre automatische Heizung oder die Lüftung Ihres Computers oder auch Ihren eigenen Körper.) Im Unternehmen finden wir mehr oder weniger wirksame Versuche, auf der sozialen Ebene Feedback-Mechanismen zu leben. Das Mitarbeitergespräch oder das Beurteilungsgespräch ist eines, das sogenannte 360-Grad Feedback ein anderes. (In diesem Fall werden nicht nur Mitarbeiter von Führungskräften, sondern diese auch von Mitarbeitern, Kollegen und Vorgesetzten, selbst von Kunden beurteilt.)

Allen Feedback-Modellen ist eines gemeinsam: Eine Rückkopplung soll gewährleisten, dass sich die Abläufe des Systems schnellstmöglich auf veränderte Bedingungen einstellen.

Nehmen wir als Beispiel die Mitarbeiterbeurteilung. Sie hat viele Funktionen, und eine davon ist, dem Mitarbeiter „rückzukoppeln", wie die Führungskraft seine Fähig- und Fertigkeiten beurteilt; wo sie sich wünscht, dass sich der Mitarbeiter anders verhielte oder sich weitere Kompetenzen aneignen möge. Der Mitarbeiter hat damit unmittelbar die Gelegenheit, sich auf veränderte Anforderungen einzustellen.

Ein Beispiel auf Unternehmensebene: Angenommen, Sie sind Geschäftsführer eines Buchverlages. Im Rahmen der Titelplanung kalkulieren Sie sämtliche anfallenden Kosten. Kaum ist Ihre Planung abgeschlossen, beschließt die Papierindustrie überraschend, die Preise drastisch zu erhöhen. Rückgekoppelt bedeutet das für Sie, noch einmal in die Planung einzusteigen und die Konsequenzen für Kostenaufwendungen, Investitionen etc. zu rechnen.

Feedback als Rückkopplung und damit als ein Mechanismus, der Abstimmung entwicklungs- und zeitnah ermöglicht, ist notwendig für ein erfolgreiches Unternehmen. Wie gut es intern funktioniert, hängt also maßgeblich davon ab, wie gut die Abläufe im Unternehmen aufeinander abgestimmt sind, das heißt: eine stetige Rückkopplung zwischen den beteiligten Bereichen und Personen erfolgt (Auftragsabwicklung, Produktentwicklung, Materialfluss, Geldeingang usw.).

Das EPS assistiert auch hierbei. Es skizziert die einzelnen Etappen, ihre Reihenfolge und kanalisiert auf diese Weise Aktivitäten. Es ist ein Modell, analog zu einer Landkarte: Es zeigt, was möglich ist – und damit auch, was nicht möglich ist. Es gibt Rahmenbedingungen und Leitplanken vor und damit Bewegungsoptionen. Und setzt diese in eine Abfolge. Dass es dabei sowohl wirtschaftliche Zielsetzungen (z. B. Gewinnerzielung) als auch verhaltensorientierte Ziele (z. B. Mitarbeiterzufriedenheit) zusammen bringt, haben wir Ihnen gewiss demonstrieren können und zeigt Ihnen die Fortsetzung der drei Fallbeispiele aus der Praxis wieder konkret.

Fall 1: Großhandel (Ergebnisverbesserung)

Einige Monate nach Einführung des EPS zeigte sich bereits ein gewünschter Erfolg: Es wurde mehr über das Unternehmen, die im Unternehmen ablaufenden Prozesse und ihre Relevanz für den Kunden nachgedacht und diskutiert. Die interne Kommunikation nahm zu. Die Begeisterung der Mitarbeiter für diese Entwicklung war deutlich zu spüren. Diese Feedback-Schlaufe war erwünscht.

Allerdings hatte dieses von den Initiatoren erwünschte Feedback auch eine „nachteilige" Wirkung: Der Unternehmer, für den es neu war, dass jetzt „jeder" über das Unternehmen nachdachte und nicht mehr nur er allein, war skeptisch und ängstlich. Er hatte das Gefühl, dass im Zuge der „Demokratisierung" zu viele Leute über sein Unternehmen nachdachten. Er befürchtete, das Nachdenken sei wenig qualifiziert, und es könnten sich Dinge entwickelten, die von ihm weder gewollt noch mitgetragen werden könnten. – Mitarbeiter machten sich zum Beispiel darüber Gedanken, ob die Autos der Führungskräfte dem neuen Kostenbewusstsein angemessen seien, oder ob nicht auch die Führungskräfte sich an der Kos-tenreduktion beteiligen sollten – und schlugen prompt eine

Reduzierung auch dieser Kosten vor. Man mag diesen mikropolitischen Aspekt vernachlässigen wollen, der Unternehmer jedenfalls hielt das für eine unqualifizierte Einmischung in seine Verantwortung.

Gleichzeitig wollte er sich konstruktiv zeigen. Es wurden unterschiedliche Möglichkeiten durchgespielt. Nach längerer Diskussion des Für und Wider beschlossen er und seine ihm direkt zugeordneten Führungskräfte, vierteljährlich ein Review zu machen (das englische Wort hatte es ihm angetan). Zu diesem Review brachten die Führungskräfte eine Übersicht mit, in der bereichsspezifische Fortschritte der dort laufenden Projekte vermerkt waren. Der Übersichtlichkeit halber hatte man sich auf eine farbige Visualisierung geeinigt. Jeder Projektstand wurde in der Logik von Verkehrsampeln dargestellt, so dass der Status quo auf einen Blick hin erfassbar war. Um die wichtigsten Projekte augenfällig zu machen, wurden die Projekte zusätzlich mit A, B, C markiert.

Diese Synopse (auch dieses Wort gefiel dem Unternehmer) mit ausführlicher Diskussion räumte letztlich die Bedenken des Unternehmers aus. Er fing an, mit Gruppen – anstatt wie früher nur mit Einzelpersonen – zu diskutieren, und es gelang ihm, sich so weit Zügel anzulegen, dass sich Diskutierende trauten, kontroverse Meinungen zu äußern. Die Grundsteine für die Erfolgsplanung waren gelegt.

... Fortsetzung auf Seite 80

**Fall 2: Büromöbelhersteller
(Unternehmensführung, Ergebnisverbesserung)**

In den monatlichen Besprechungen des Führungskreises beschäftigte man sich einmal mit der Analyse der zunehmend aussagekräftigeren Daten und zum anderen mit dem Fortschritt der Projekte. Diese wurden jeweils von den Projektverantwortlichen vorgestellt. Für diese Besprechungen wurde eigens ein Besprechungsraum mit einem selbst produzierten (!) runden Tisch eingerichtet.

Vorbereitung und Leitung der Besprechung erfolgten abwechselnd durch einen der beiden Geschäftsführer, die jeweils beide anwesend waren. Unterstützt wurden sie dabei, ebenfalls abwechselnd, von einem der Leiter

Marketing/Vertrieb, Entwicklung/Konstruktion, Verwaltung/IT, Produktion/AV, Beschaffung bzw. Logistik. Auf diese Weise verteilte sich die zeitliche Belastung für diese Arbeit, alle blieben im Thema und am Ball. Das Zusammenführen aller Projekte in einer Projektübersicht geschah durch den Leiter Produktion/AV.

Die wesentlichen Ergebnisse dieser Besprechungen wurden von den Abteilungsleitern anschließend an ihre Abteilungen und die Projektteams weitergegeben. Dieses Feedback und die zumindest zeitweise Teilnahme der Projektverantwortlichen an den monatlichen Besprechungen mündeten sehr bald in das angestrebte, abgestimmte Handeln und die Vernetzung des Wissens.

Auf Grund der konstruktiven Mitarbeit des Betriebsrates, der sehr um den Erhalt der Arbeitsplätze besorgt war, gelang es, die baulichen Veränderungen und den Umzug der Maschinen ebenso wie die Veränderungen im Planungsprozedere innerhalb von neun Monaten zu bewältigen. Die gewünschte Verbesserung des Ergebnisses rückte dadurch in greifbare Nähe.

Ermuntert durch den Erfolg bei der Projektarbeit, beschlossen die Führungskräfte, die monatlichen Abstimmungsgespräche beizubehalten und die nächste Jahresplanung auf der Grundlage des EPS durchzuführen.

Durch die konsequente Beibehaltung der Erfolgsplanung wurde im darauf folgenden Jahr die erwartete Umsatzrendite von 6 Prozent vor Steuern erreicht. Es erübrigt sich fast zu sagen, dass sich auf Grund dieser Entwicklung die Beziehung zwischen den beiden Geschäftsführern harmonisierte. Erfolg vereint.

... Fortsetzung auf Seite 81

Fall 3: Werkleiter
(Mitarbeiterführung, Senkung der Produktionskosten)

Die Erfahrung hatte den Werkleiter gelehrt, dass Organisationen nur richtig funktionieren, wenn die einzelnen Prozesse synchronisiert sind. Aus seinem Studium des Maschinenbaus kannte er dieses allemal: Maschinen funktionieren nur wirkungsvoll, wenn die einzelnen Teile optimal aufeinander abgestimmt sind. Also machte er sich daran, die zur Ergebnisverbesserung ins Auge gefassten Maßnahmen in ein Zeitraster zu bringen. Er fertigte praktisch einen Netzplan zur Ergebnisverbesserung. Diesen Plan besprach er mit seinen Führungskräften und modifizierte ihn, wo nötig. Das war eine Form von Feedback, die auch als *iterativer Prozess* bezeichnet wird: In die Rückkopplung gehen die Ergebnisse der jeweils vorherigen Schlaufen ein.

Um die Kommunikation am Laufen zu halten und den Erfolg sicher zu stellen, wurden wöchentliche Projektgruppenbesprechungen und monatliche Führungskräftebesprechungen angesetzt. Mit diesem kommunikativen Feedback entfaltete das EPS seine nachhaltige Kraft.

Auch die Synchronisation der Aktivitäten der Produktion mit den anderen Unternehmensbereichen, besonders dem Vertrieb und der Entwicklung, hatte sich durch die regelmäßige bereichsübergreifende Abstimmung nachhaltig verbessert. Den geschäftsführenden Gesellschafter überzeugte diese systematische Art der Führung so sehr, dass er EPS in allen Abteilungen und damit EPS als Führungssystem für das gesamte Unternehmen etablierte.

... Fortsetzung auf Seite 83

5 Sicherung der Nachhaltigkeit der Erfolgsplanung

Kommunikation und Synchronisation der Planungsprozesse

Stellen Sie sich vor, Sie gehen in ein Konzert und freuen sich auf eine gelungene Darbietung einer Haydn-Symphonie. Das Orchester wartet, der Dirigent erscheint eine Viertelstunde später. Na ja, denken Sie, vielleicht hatte er Magenkrämpfe und musste erst seine Medizin einnehmen. Endlich erscheint er. Er erhebt den Taktstock und, bevor das Orchester einsetzt, erklingt das Cello. Der Cellist stimmt noch sein Instrument. Erste Zweifel regen sich. – Pause – Der Dirigent beginnt von Neuem. Zwölf Takte und Sie merken, die Einsätze der Geiger stimmen nicht. Statt Harmonie erleben Sie Kakophonie. – Sie ersparen sich den Rest des Konzerts und gehen in ein nahe gelegenes Restaurant und erhoffen sich, musikalischen durch leiblichen Genuss zu ersetzen. Um es kurz zu machen: Die Suppe ist versalzen, die Abfolge der Gänge nicht wie auf dem Menü angegeben, der Keller unfreundlich und die Rechnung hoch. Danach gehen Sie jede Wette ein, dass der Dirigent nicht erfolgreich sein und der Küchenchef in absehbarer Zeit das Restaurant wechseln wird. Oder anders gesagt: Sie wissen, dass durch den Mangel an handwerklichem Können und dem Mangel an Führung, Koordination und Kommunikation weder dem Orchester noch dem Restaurant ein nachhaltiger Erfolg beschieden sein wird.

Gleiches gilt für Unternehmen: Wirtschaftlicher Erfolg und Wettbewerbsfähigkeit eines Unternehmens lassen sich heute und in Zukunft nur über eine funktionierende Kommunikation in und zwischen den Unternehmensbereichen erreichen. Wissen und berufliches Können vorausgesetzt.

Die unternehmerische Zielsetzung der Erfolgsplanung konzentriert sich deshalb auf die *nachhaltige Verbesserung der internen Kommunikations- und Organisationsstruktur*. Das EPS liefert entscheidende Impulse zur Stärkung der wirtschaftlichen Leistungsfähigkeit, indem es dafür sorgt, dass „weiche" Themen (Kommunikations- und Führungsverhalten) in den organisatorischen, wirtschaftlichen und strukturellen Rahmen integriert werden und indem es dafür sorgt, dass die Mitglieder des Unternehmens permanent lernen, lehren und üben. Es bildet, mit anderen Worten, Routinen aus, die die Kontinuität des Wandels gewährleisten. Organisationen, die eine solche *innere Stärke* besitzen, sind vom Wettbewerb auf Grund ihrer überlegenen Leistung und Flexibilität weniger leicht kopierbar als neue Produkte oder Dienstleistungen. Die Systematik der Erfolgsplanung eignet sich daher hervorragend als Instrument zur vorausschauenden Planung und Synchronisation der Unternehmensaktivitäten insgesamt.

Der globale Markt der Waren und Dienstleistungen ist bereits Realität – mit allen Konsequenzen. Eine dieser Folgen ist, dass nicht nur qualitativ gute, sondern mehr am Kundennutzen orientierte Produkte und Serviceangebote gebraucht werden, um das Überleben eines Unternehmens zu sichern. Verschärfend kommt hinzu, dass alle europäischen Unternehmen aufgrund dieses globalen Marktes zunehmend unter Kostendruck geraten.

In dieser Situation ist es ein Irrglaube anzunehmen, eine Meta-Intelligenz an der Spitze des Unternehmens könne garantieren, dass ein Unternehmen sich in die richtige Richtung bewegt. Je komplexer ein Unternehmen wird, umso weniger kann es zentralistisch regiert werden. Denn dies würde voraussetzen, der Lenker sei schlauer als sämtliche Gelenkten zusammen. Diese Annahme gehört in das Reich der Mythen, spätestens seit der allmählichen Verbreitung kybernetischen Denkens in den fünfziger Jahren, und es war beispielsweise DIETRICH DÖRNER, der mit seinem Buch „Logik des Misslingens" (1989) eindrucksvoll demonstrieren konnte, dass das menschliche Gehirn nur über eine begrenzte Fähigkeit verfügt, Komplexität zu bewältigen und Informationen zu verarbeiten. Die aktuelle Hirnforschung bestätigt sowohl diese begrenzte Kapazität, Detailinformationen aufzunehmen als auch jene, mit komplexen Sachverhalten umzugehen. Der Neurobiologe WOLF SINGER plädiert deshalb dafür, eine „fehlerfreundliche Irrtumskultur" in (komplexen) Organisationen zu schaffen. Das EPS trägt diesen Gedanken Rechnung.

Das Fazit dieser Überlegungen lautet: Erstens sollten sich Unternehmenslenker an den Gedanken gewöhnen, das Unternehmen kollektiv, also mit ausgewählten Führungskräften zusammen, und in diesem Sinn partizipativ zu leiten. Zweitens sollten die das Unternehmen maßgeblich prägenden Führungskräfte und Schlüsselpersonen in der Lage sein oder in die Lage versetzt werden, in komplexen Zusammenhängen – systemisch, ganzheitlich – denken und agieren zu lernen. Auch hierbei assistiert das EPS, weil es diese Prozesse vorhersieht und entsprechende Anleitungen bereit hält.

Wenn wirtschaftliche Zielsetzungen definiert werden und es primär um Zahlen, Kosten- und Ergebnisbetrachtungen geht, muss von Anfang an mitgedacht werden, welche Konsequenzen und Aufgaben sich daraus für die Kunden, Mitarbeiter und die Organisation ableiten und wie bestimmte Fragen und Probleme präventiv angegangen werden können.

Die größte Schwierigkeit in einer Organisation besteht daher darin, die einzelnen Bereiche darauf auszurichten, übergeordnete Ziele wie Kundenzufriedenheit, Kostenmanagement usw. gemeinsam und koordiniert zu erreichen, sowie darin, Reibungsverluste zwischen den Bereichen zu reduzieren.

Warum dieses Unterfangen eine besondere Herausforderung darstellt, sei knapp skizziert. Jedes Unternehmensmitglied verfügt über nur eine, eben seine subjektive Sichtweise. Diese ist geprägt durch biologische Dispositionen, persönliche Sozialisation, das gesamte Umfeld und den Einflüssen während des Heranwachsens. Ein weiterer Aspekt dieser persönlichen Lernvergangenheit und Biographie liegt in der beruflichen Sozialisation, also darin, welche Erfahrungen ein Mensch innerhalb seines Berufslebens macht. Und schließlich sei darauf hingewiesen, dass jedes Mitglied des Unternehmens eine andere Funktion als andere Mitglieder hat – und daher die subjektive Perspektive noch einmal individualisiert wird. Wenn wir von Funktionen und Aufgaben sprechen, reden wir immer auch schon von Positionen (in der Hierarchie) und Bereichs-, Abteilungsinteressen (und damit von einem strukturell angelegten Dissens).

Es ist dieses Konglomerat, das verständlich macht, warum und dass jeder Beteiligte die „Gesamtsituation" eines Unternehmens anders betrachtet. In praxi zeigt sich dieser Umstand darin, dass jedes Mitglied die Lage des Unternehmens zunächst aus seiner individuellen und dann aus der Perspektive seiner Abteilung betrachtet und zu begreifen meint, „was läuft" und „was das Beste zu tun" wäre. Der subjektive Fokus provoziert das Gefühl und den Gedanken, den „Durchblick" zu haben, und führt zu dem Eindruck, überlegen zu sein. Daher schüttelt etwa der Produktionsleiter den Kopf und meint: „Ich würde ja ..., aber mit diesen Marketingleuten ...!" Und selbstverständlich denkt und agiert der Leiter Marketing/Verkauf ähnlich, ganz zu schweigen von der EDV, die erfahrungsgemäß immer im Schussfeld steht.

Zur Verdeutlichung: Das Problem liegt normalerweise nicht darin, dass die einen Recht und die anderen Unrecht haben. Die Meinungsverschiedenheiten ergeben sich vielmehr zwangsläufig aus den unterschiedlichen Funktions- und Erfahrungszusammenhängen der Handelnden. Jede Funktion stellt eine bestimmte Aufgabe und Zielart in den Brennpunkt – und diese harmonieren entweder gar nicht oder nur schwer. Das Interesse der Produktion ist beispielsweise, kostensparend zu produzieren und deshalb etwa Standardisierungen zu fördern, während das Interesse von Marketing/Verkauf darauf gerichtet ist, auch die ausgefallensten Kundenwünsche zu erfüllen. Problem- und Konfliktkonstellationen zwischen Mitarbeitern und Abteilungen gehören deshalb immer zum Arbeitsalltag.

Ein Unternehmen, das keine Anstrengungen unternimmt, diese Konfliktsituationen aufzulösen und darauf verzichtet, gemeinsam getragene Entscheidungen anzustreben, macht es sich unnötig schwer, weil es mit viel mehr Reibungsverlusten zu tun hat als Unternehmen, die auf breite Akzeptanz und eine konstruktive Konfliktkultur setzen. Beides kann ein Unternehmen herstellen, indem es Kommunikationsstrukturen etabliert, über die jeder Bereich „seine Sichtweise" darstellen und auf „seine Eigenheiten" hinweisen kann. Erfahrungsgemäß gelingt es auf diese Weise, Gemeinsamkeiten, Unterschiede und Überlappungen in den Sichtweisen zu identifizieren. Dies erweist sich als solide Grundlage für weitere Verhandlungen, sodass zweierlei möglich wird: Erstens Verstehen und Einsicht in unternehmerisch nötige, wenn auch nicht immer vorbehaltlos für „gut" befundene Entscheidungen. Zweitens hält sich die Frustration in Grenzen, weil die „vernünftigste" Gesamtlösung gedanklich nachvollzogen werden kann. Deshalb bleibt Motivation auch dann erhalten, wenn die „Bereichslösung" nicht oder nur teilweise berücksichtigt ist.

5 Sicherung der Nachhaltigkeit der Erfolgsplanung

In diesem Prozess haben Führungskräfte eine besondere Verantwortung. Zwar müssen sie nicht unbedingt diejenigen sein, die von vornherein alles wissen und eine Antwort auf jede Frage und Kritik parat haben. Sie sollten aber in der Lage sein, den Mitarbeitern die Probleme, vor denen das Unternehmen steht, ebenso wie die Zusammenhänge und Korrelationen verständlich darzustellen. Damit treten sie als Garant dafür auf, dass unternehmerisch als sinnvoll erachtete Maßnahmen auch dann mitgetragen werden, wenn diese den Meinungen und Interessen der Gruppe oder des Einzelnen widersprechen bzw. diese nicht gänzlich integriert. Gelingt den Führungskräften dieses Unterfangen, nehmen sie in vorbildlicher Weise ihre Verantwortung für das Unternehmen und für die Mitarbeiter wahr.

Es versteht sich von selbst, dass eine tragende Komponente darin liegt, Planungen und Maßnahmen zu kommunizieren. Die damit geschaffene Kommunikationskultur gleicht einem doppelten Versprechen, das von der Erfolgsplanung inszeniert wird und gehalten werden kann:

- Die Mitglieder des Unternehmens versprechen einander, gemeinsam und koordiniert Ziele zu verfolgen,
- das Unternehmen verspricht, Leistungen zu erbringen, die den Betroffenen bestimmte Sicherheiten bieten (etwa Lohn und Gehalt, und innerhalb definierter Rahmen die Sicherheit des Arbeitsplatzes).

Diese beiden Versprechen können gehalten werden, weil das Erfolgsplanungssystem großen Wert auf die Synchronisation und Realisierbarkeit der Planung legt, wie die folgende Abbildung verdeutlicht:

Abb. 9: Synchronisation der Planungsprozesse im Jahresablauf

Um Nachhaltigkeit zu gewährleisten, sollten Unternehmenslenker unbedingt darauf achten, die sozusagen persönliche Erfolgsplanung der Geschäftsführer mit den Erfolgsplanungen der Bereiche, Abteilungen etc. zusammenzuführen und in regelmäßigen Abständen das synchrone Handeln zu überprüfen und sicherzustellen.

Das EPS kanalisiert diesen Prozess von Abstimmungen über Ziele und Maßnahmen als permanenten, stufenweisen Vorgang, als iterativen oder Feedback-Prozess (vgl. dazu Abb. 7, Seite 29).

Betrachten wir nun auch hierzu das EPS in Aktion. Die Logik des Erfolgsplanungssystems beginnt zu wirken:

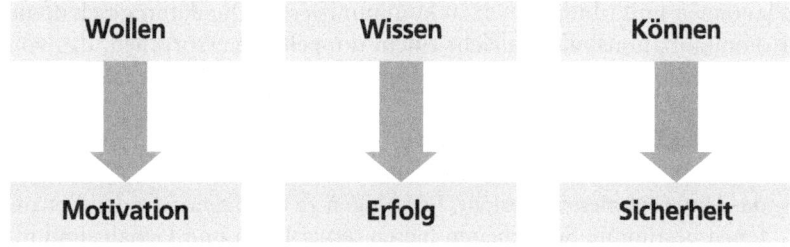

Abb. 10: Wollen – Wissen – Können (korrespondiert mit Abb. 5)

Fall 1: Großhandel (Ergebnisverbesserung)

Ein gutes halbes Jahr nach der ersten Führungskräftetagung waren bereits die ersten Erfolge deutlich spürbar. Das zentrale Debitorenmanagement führte zu deutlich verbesserten Zahlungseingängen, ohne – so die Befürchtung des Vertriebs – Kunden zu vergraulen. Die Liquiditätskontrolle und -planung trug erheblich zur Sicherheit und Beruhigung des Unternehmers bei. Aus den Analysen der Lagerumschlagsgeschwindigkeiten, der Profitabilität der Produktgruppen, der Lieferanten und der Wettbewerber ergaben sich zahlreiche, zum Teil unmittelbar umsetzbare Ansätze zur Ergebnisverbesserung.

Die begonnene Zusammenfassung der Kostenstellen entsprechend der neuen Kostenstruktur beflügelte das Nachdenken der Mitarbeiter über weitere Quellen für Kosteneinsparungen. Die Befragung der Mitarbeiter, wie sich aus ihrer Sicht die unternehmensweite Kommunikation verändert habe, ergab, dass es zwar noch Schwachstellen gab, doch auch deutliche Verbesserungen bemerkt worden waren.

In den Gesprächen mit der Bank war der Unternehmer nun nicht mehr in der Defensive. Vielmehr berichtete er dort über die belegbaren Fortschritte im Unternehmen. Folglich verbesserte sich nicht nur das Gesprächsklima, sondern die Banker machten ihm sogar Komplimente und sprachen ihm zu, in der begonnenen Weise weiter zu machen.

Zuspruch erhielt er auch von seinen Führungskräften, die sich in erstaunlicher Weise zusammenrauften. Das Abteilungsdenken wich langsam einem Zusammengehörigkeitsgefühl. Gemeinsam wurde beschlossen, die Planung für das nächste Jahr entsprechend des Erfolgsplanungssystems durchzuführen und aus den vierteljährlichen Reviews monatliche Führungskreisbesprechungen zu machen, so genannte Monatsreviews.

Im Lauf des folgenden Jahres wurden die mittelfristig geplanten Aufgaben gelöst und das Unternehmen dadurch wieder auf eine sichere finanzielle Basis gestellt. Die Mitarbeiter freuten sich über das geänderte Verhalten des Unternehmers und schöpften Zuversicht aus der Tatsache, dass sie aktiv zum Unternehmenserfolg beitragen konnten.

**Fall 2: Büromöbelhersteller
(Unternehmensführung, Ergebnisverbesserung)**

Da der Berater wusste, dass die herkömmliche Gewinn- und Verlustrechnung (GuV) zwar nützliche, aber zur Steuerung des Unternehmens nur unzureichende Aussagen lieferte, forcierte er die Abbildung des Unternehmens in den neuen Kostenstrukturen und die Profitabilitätsanalysen für die Produktgruppen. (Zur Erinnerung: Das Unternehmen erwirtschaftete nur ein ausgeglichenes Ergebnis.)

Angesichts der Relationen der GuV lag die Folgerung nahe, dass der Materialeinsatz mit 41 Prozent der Gesamtleistung und der Personaleinsatz mit 35 Prozent zu hoch waren. Die betrieblichen Aufwendungen mit 18 Prozent lagen seiner Kenntnis nach im Rahmen der Wettbewerber. Die einfache Schlussfolgerung daraus war: Material- und Personalkosten senken. Die Frage, in welcher Abteilung und in welchen Produktgruppen dies geschehen sollte, ließ sich daraus nicht beantworten.

Diese Erkenntnisse ergaben sich aus den erstmals ermittelten Kostenstrukturen:

Gesamtleistung = 100 %
Marketing/Vertrieb = 34%
Kundendienst = noch in M/V enthalten
Entwicklung und Konstruktion = 1 %
Verwaltung, IT= 6 %
Beschaffung = noch in Verwaltung enthalten
Produktion und Arbeitsvorbereitung = 42%
Logistik = 14 %
Rest = 3%
Ergebnis vor Steuern = 0 %
Ergebnis vor Steuern = 6 % (als Zielvorgabe)

Aus diesen Zahlen wurde ersichtlich, dass sowohl im Bereich Produktion und Logistik noch Verbesserungspotenzial schlummerte, und vor allem die Marketing- und Vertriebsausgaben im Vergleich zum Wettbewerb viel zu hoch waren. Folglich wurde beschlossen, die Kosten für Produktion und Logistik sowie für Marketing und Vertrieb um jeweils 4 Punkte zu senken.

Unter dem Druck dieser Zahlen mussten sich die beiden Geschäftsführer eingestehen, dass keiner von ihnen richtig gehandelt hatte. Der eine hatte zuviel Geld in die Erweiterung des Vertriebs in ausländische Vertriebsgesellschaften gesteckt, der andere zu viel in Produktion und Logistik, um den Vermarktungsanforderungen gerecht zu werden (Sie wollten sich gegenseitig imponieren.) Die Produktvielfalt und die damit verbundene Komplexität waren entsprechend gestiegen.

Aufgrund der faktischen, mit Zeit und Kosten verbundenen Zwänge (Rückzug aus einigen Auslandsmärkten, notwendige Produktentwicklungen, Abstimmungen mit Kunden, Personalreduzierung im Kundendienst etc.), setzte sich die Führungsriege das anspruchsvolle Ziel, innerhalb von zwei Jahren eine Ergebnisverbesserung um 8 Prozent zu erreichen. Im Rahmen einer Führungskräftetagung wurde in Arbeitsgruppen der Weg dahin aufzeigt, diskutiert und beschlossen.

Der Berater bestand darauf, diesen Weg entsprechend der Erfolgsplanungssystematik zu gehen: Jeder Bereich definierte im Rahmen seiner Verantwortlichkeiten die Kennzahlen und Ziele für die nächsten zwei Jahre. Nach Diskussion in den Abteilungen wurden die Ziele verabschiedet und in konkrete Maßnahmenpläne umgesetzt. Durch monatliche Führungskreis- und Abteilungsgespräche wurde die Umsetzung der Maßnahmen überwacht und gesteuert und sichergestellt, dass die daraus neu entstehenden Verfahrensanweisungen und Regeln möglichst einfach gehalten wurden.

Diese Vorgehensweise beförderte die Motivation unter den Mitarbeitern beträchtlich und führte in Folge zu der gewünschten Ergebnisverbesserung und einem entspannten Verhältnis mit der Geld gebenden Bank.

Fall 3: Werkleiter
(Mitarbeiterführung, Senkung der Produktionskosten)

Dem Werkleiter wurde während seiner Gespräche mit den Mitarbeitern klar, dass es erhebliche Verbesserungsmöglichkeiten in der Produktion gab. Die bereichsübergreifenden Gespräche machten aber auch deutlich, dass die Realisierung mit der Unterstützung aus anderen Bereichen steht und fällt. Deren Mitarbeit war deshalb nicht selbstverständlich, weil die Veränderungen in der Produktion unmittelbar Auswirkungen auf die gesamten Abläufe und bisherige Gepflogenheiten nach sich ziehen würden. In dieser heiklen Situation wandte er sich an den Unternehmer. In einer Besprechung bat er seinen Geschäftsführer darum, ihn in seinem Vorhaben zu unterstützen. Der Werkleiter vertraute auf den Einfluss des Geschäftsführers, weil er das Unternehmen seit vielen Jahren ebenso kannte wie die agierenden Personen. Konkret bat der Werkleiter ihn, an den unerlässlichen Abstimmungsgesprächen teilzunehmen und besonders, sich bei der nächsten Führungskräftetagung aktiv unterstützend einzubringen.

Um die Dringlichkeit seines Anliegens zu verdeutlichen und die Relevanz zu untermauern, legte er dem Geschäftsführer die Ergebnisse vor, die aus der Arbeit mit seinen Mitarbeitern und den bereichsübergreifenden Arbeitsgruppen hervorgegangen waren.

Die systematische und nüchterne Vorgehensweise des neuen Werkleiters beeindruckte den Geschäftsführer, und er stimmte zu, die anliegenden Themen in einer Führungskräftetagung des Unternehmens darzustellen und in Arbeitsgruppen zu behandeln. In seiner Entscheidung, den Werkleiter zu flankieren, wurde der Geschäftsführer bestärkt durch das außerordentlich positive Feedback, das der Werkleiter von den Mitarbeitern erhielt. Diese schrieben ihm nicht nur eine konstruktive Absicht zu, sondern auch die Ergebnisverbesserungen, die sich bereits aus seiner Arbeit abzeichneten. Auch der anfangs etwas abwartende Vertriebsleiter hatte sich über den neuen Mann zustimmend geäußert.

Der Werkleiter bereitete die nächste Tagung mit Hilfe seiner Mitarbeiter und einigen Mitarbeitern aus den anderen Bereichen sorgfältig vor. Ziel war nicht, die anderen in die Defensive zu bringen, sondern verbindlich zu klären, worin deren Beitrag liegen müsste, um die Produktionsziele zu erreichen.

Als Kernpunkte zur Erzielung der in der Produktion möglichen Einsparungen von 10 Prozent nannte er einführend, im Einklang mit seinen Führungskräften und Meistern:

1. die Reduzierung der lagerhaltenden Artikel (3 Prozent)
2. die Einstellung der Produktion einer Produktgruppe (2 Prozent)
3. die Übernahme der Verantwortung für die Lagerbestände durch den Vertrieb (0,5 Prozent)
4. die wöchentliche Abstimmung der Mengenplanung mit dem Vertrieb (0,5 Prozent)

5. die Einführung von Wirtschaftlichkeitsrechnungen bei Produktneueinführungen (1 Prozent)
6. ein Maßnahmenbündel von kleineren, aber in Summe bedeutsamen Veränderungen in der Produktion, die Verfahrenstechnik, Qualitätssicherung und Instandhaltung betreffend (3 Prozent)

Wie vorherzusehen, wurde das unter Punkt 6 genannte Maßnahmenbündel sofort von allen akzeptiert. Die Diskussion konzentrierte sich auf die Punkte 1 bis 5. Um hier Konsens zu erzielen, wurden fünf Workshops gebildet, die sich mit den vorbereitenden Zahlen und den Sachverhalten beschäftigten. Das Ergebnis dieser Workshops war im Wesentlichen die Bestätigung der Erreichbarkeit der Ziele, die Nennung der wesentlichsten Maßnahmen dazu und die Festlegung, welche Personen sich um die Durchführung der Maßnahmen kümmern sollten. Der Geschäftsführer äußerte sich lobend über die aktive und gute Zusammenarbeit und unterstrich seine persönliche Mithilfe zur Erreichung der gesetzten Ziele.

Abschließend wiederholte der Werkleiter in einer Zusammenfassung die wesentlichen Gedanken des EPS. Besonderen Wert legte er darauf, zwei Ideen hervorzuheben. Zum einen die Idee der konstruktiven Kommunikation und Koordination; zum anderen die Idee des Wissensmanagements, des permanenten Lernens und Lehrens sowie des Vermittelns. Beides sei unabdingbar, um das Unternehmen erfolgreich zu führen, weil Austausch und wechselseitiges Lernen erst gemeinsames kompetentes und zielgerichtetes Handeln ermöglichten.

Die Planung für das folgende Jahr basierte auf den miteinander festgelegten Verantwortlichkeiten, den abgestimmten Zielen und den von Unternehmenskennzahlen abgeleiteten Bereichskennzahlen. Der Erfolg schrieb sich fort: 18 Monate nach dem Eintritt des neuen Werkleiters stimmte die Kostenstruktur für die Produktion; die zehnprozentige Kostenreduzierung war erreicht (und das versprochene Betriebsfest eine gelungene Veranstaltung). Und dies ohne Einbußen in der Qualität und bei gesteigerter Motivation der Mitarbeiter. Die greifbaren Erfolge seiner Vorgehensweise zeigten Früchte: Die Unternehmensplanung für die künftigen Jahre wurde auf das EPS aufgesetzt.

Eine bildkräftige Geschichte soll nicht unterwähnt bleiben. Eine junge Mitarbeiterin, die Leichtathletik trainiert, meinte in einem der Workshops, dass es so sei wie beim Staffellauf: der Stab, d. h. Produkt und Dienstleistung müssten von einem Bereich zum anderen in der richtigen Weise und fehlerfrei übergeben werden. Die Analogie zur Staffelübergabe wird noch heute in dem Unternehmen gerne verwendet.

6 Im Hintergrund: Systemisch-evolutionäre Leitideen

Dieses Buch ist für Praktiker in Unternehmen geschrieben. Aus diesem Grund verzichten wir auf theoretisch differenzierte Darstellungen und betonen stattdessen einige wesentliche Aspekte des evolutionär-systemischen Ansatzes, die in der Praxis des Führens unmittelbar erleb- und umsetzbar sind und im Modell unseres Erfolgsplanungssystems sichtbar vorkommen. (Es kursieren unterschiedliche Ansätze unter dem Etikett „systemisch-evolutionär", die in sich wiederum sehr differenziert sind. Wir fokussieren einige der Leitgedanken, die dem evolutionär-systemischen Denken generell zu Grunde liegen.)

In diesem Abschluss-Kapitel wählen wir also höchst selektiv aus. In gebotener Kürze und möglichst leicht verständlich möchten wir Ihnen einige Hintergründe zu drei relevanten Aspekten vorstellen. Nach einer knappen Darstellung, inwiefern sich das Denken, Handeln und Reden über Unternehmen und Führung verändert hat, nehmen wir näher in Augenschein: die interne Kommunikation als Schlüssel zum Unternehmenserfolg, das Konzept des Unternehmens als sozialem System und das „heiße Eisen" des unternehmensinternen Widerstandes gegen Veränderung.

Der Wandel im Verständnis von Unternehmen und Führung

Zunächst ein Überblick darüber, wie sich das Verständnis von Unternehmen und Führung verändert hat:

Spätestens seit den 80er Jahren des vergangenen Jahrhunderts hat sich eine neue Vorstellung dessen verbreitet, was wir *Unternehmen* nennen. Die Veränderung wurde zum einen angeregt durch Forschung und Empirie in unterschiedlichen wissenschaftlichen Disziplinen. Zum anderen durch wirtschaftliche Praxis, deren Wandlung an Schlagworten wie „Globalisierung der Märkte", „Wandel der Kommunikationstechnologien" und „Beschleunigung von Prozessen" ablesbar ist. Wir beschränken uns in diesem Überblick auf wesentliche Charakteristika der Veränderung und stellen sie nur stichwortartig vor. Vereinfacht sprechen wir einerseits vom traditionalen Paradigma und andererseits vom systemisch-evolutionären, ganzheitlichen.

Das traditionelle Paradigma bezeichnet die althergebrachte Konzeption des „Unternehmens", die in praxi bis in die Achtzigerjahre wirkte. Es beschreibt das Unternehmen als „einfaches System" oder „triviale Maschine". Der dazu gehörige Führungsstil wird üblicherweise mit den Begriffen „technomorph", „mechanistisch", „instrumentell" bezeichnet. Diese deuten darauf hin, dass im Führungshandeln und in der operationellen Arbeit die Zweck-Mittel-Rationalität, ein monokausales Denken und das pragmatische Kalkül den Ton angeben. Das Unternehmen wird als ein System begriffen, das gleich einer Insel für sich steht, in seinen Prozessen weitgehend von anderen gesellschaftlichen Einflüssen unberührt bleibt und autokratisch geführt wird. Die einzelnen organisatorischen Einheiten (etwa Projektgruppen, Abteilungen) stehen in der strikten Hierarchie weitgehend für sich, arbeiten auf sich selbst bezogen und wollen möglichst wenig mit anderen Bereichen zu tun haben. Auf diese Weise haben sich „Fürstentümer" etabliert, die ihr eigenes Süppchen kochen und unter denen der Kommunikationsfluss den formellen Anweisungen gehorcht.

Diese hierarchisch strukturierte Organisation legt eine modulare Wissensorganisation nahe. Sie ist weitgehend formal, das heißt, sie wird in Organigramme, Funktions-, Ablaufdiagramme und Stellenbeschreibungen gegossen. Dieser Aufbau erschwert eine Kommunikation, die interdisziplinär und über Abteilungs- und Hierarchiegrenzen fließt. Und aus dem gleichen Grund ist es nötig, Tätigkeiten und Ergebnisse zentral zu koordinieren und den formalen Prozeduren zu folgen, also Rangordnung, Regeln, fixe Verfahrensweisen, Berichtswesen, Zugangsrechte, festgelegte Kommunikationsverläufe.

Mitarbeitende zu führen, meint in diesem traditionellen Verständnis des Unternehmens und der Führung vor allem, Mitarbeitende anzuweisen und zu kontrollieren. Die Beziehung zwischen Führungskraft und Mitarbeit ist asymmetrisch: Mitarbeitende sind Untergebene und Ausführende, Führungskräfte haben Entscheidungsmacht und gelten qua Funktion und Position als allein verantwortlich für Prozesse und Resultate. Bei den Führungskräften laufen daher sämtliche Informationen zusammen, sodass sie als Informationsmonopole gelten. Kommunikation dient primär dem Austausch von Informationen, weniger der Diskussion unter unternehmerisch und eigenverantwortlich arbeitenden Mitgliedern der Organisation. Sich zu informieren wird als „Holschuld" betrachtet.

Merkmale einer so verstandenen Unternehmens- und Mitarbeiterführung sind Beherrschen, Planen, Messen und Kontrollieren. Ordnung gilt als stabiler Zustand; sie soll gesichert werden, um exakte Prognosen zu ermöglichen und auf diesem Fundament effizient zu arbeiten. Zukünftige Entwicklungen werden als Fortschreibung von Vergangenem und Gegenwärtigem begriffen. Sie kann und muss also (detailliert) geplant werden. Dabei helfen Stabilisierungsfaktoren wie hierarchische Differenzierung, Formalitäten, Regularien. Die gesamte Organisation ist darauf ausgelegt, Ereignisse, Prozesse und Menschen beherrschbar zu machen. Da dies bestenfalls unter der Bedingung strikter Kontrolle und ihr dienender Managementsysteme möglich ist, wird auch von einer „Misstrauensorganisation" gesprochen.

Das systemisch-evolutionäre, ganzheitliche Paradigma hat einen konträren Ansatz. Ein Unternehmen gilt als ein organisches soziales Gebilde, dessen „Teile", sprich: Menschen und Regularien aller Art, in ständiger Wechselwirkung untereinander stehen als auch in ständigem Austausch mit dem Außen, also gesellschaftlichen Bereichen. Das soziale System Unternehmen wird folglich beeinflusst und tut dies seinerseits ebenfalls. Es will überleben. Deshalb ist es permanent bestrebt, sich evolutionär anzupassen: Es muss sich ständig weiterentwickeln, indem es sich wandelnden Gegebenheiten intern und extern anzupassen sucht. Im Rahmen dieser permanenten „Passungsprozesse" öffnet sich das soziale System Unternehmen nach außen hin, zu seiner Umwelt (etwa dem Markt, dem Kunden, der Gesetzgebung). In der Systemtheorie spricht man davon, dass es insofern ein offenes System ist, als es Kunden, Lieferanten, Wettbewerber, Marktgeschehen und gesellschaftliche Prozesse beobachtet, Außenvorgänge in seine Sprache übersetzt (oder diese von dort übersetzt werden) und integriert, um zu überleben. Diese Offenheit wird fachlich „informationell offen" genannt. Im Gegensatz dazu ist das System „operationell geschlossen". Das heißt, es hat seine ganz spezifische, einmalige Art (Elemente, aus denen es besteht; Interaktionen zwischen den Elementen; Strukturen und Prozedere, Sprache), wie es innerhalb seiner selbst dafür sorgt, am Leben zu bleiben.

Das populärste Beispiel für diesen Tatbestand ist das Gehirn: Durch Neuronen, neuronale Verknüpfungen, chemische und elektrische Vorgänge sorgt es dafür, dass es permanent tätig ist. In seinen Operationen beschäftigt es sich mit sich selbst, und es gibt nichts in seiner Umwelt, durch das diese Operationen ersetzt werden könnten. Salopp gesagt: Das Gehirn denkt Gedanken, fühlt Gefühle – und kann nicht durch Bewegungen von Armen und Beinen ersetzt werden. Es hat seine ganz eigentümliche Art (Operationen und Sprache oder Code), sich selbst zu erhalten. Analoges gilt für Unternehmen.

Im Systemdenken ist das Unternehmen ein soziales System, in dem sich Subsysteme bilden. Es besteht aus Teilen oder Elementen, die sich selbst organisieren und untereinander in ständiger Beziehung (Wechselwirkung) stehen. Diese Elemente, sagen wir in Bezug auf das Unternehmen: Manager und Mitarbeitende, bewegen sich laufend und interagieren in einer Weise, die nicht genau kalkulierbar ist und daher Überraschungen birgt. Das Unternehmen wird dadurch zu einem dynamischen Gebilde, dessen Mitglieder und Beziehungsgefüge, dessen Entscheidungen und Handlungen mit- und aufeinander wirken und prinzipiell unvorhersehbar sind. Neben gewollten und erzielten Ergebnissen gibt es stets ungewollte Wirkungen. Insbesondere diese Unvorhersehbarkeit ist es, die das Unternehmen zu einem komplexen und das heißt: nicht exakt steuerbaren Gebilde macht. Und aus dem gleichen Grund sind Führungskräfte und Mitarbeitende aufgerufen, Komplexität zu verringern und zu bewältigen. Es gilt, Wahrscheinlichkeiten herzustellen, die sich auf eine zukünftige Perspektive, eine Vision und auf Ziele beziehen.

Wie kann eine Führungskraft dies leisten? Grundsätzlich sollte das Unternehmen mit Hilfe partizipativer Führungsstrukturen, flacher Hierarchien sowie interdisziplinärer Teams oder Projektteams dafür sorgen, dass aus struktureller Sicht Einzelne und Gruppen eine hohe Kommunikationsdichte leben und weitgehend autonom und eigenverantwortlich arbeiten können. In der Führungspraxis heißt dies auch: sich verabschieden davon, an Positionen zu hängen und über Anweisungen und strikte (Detail-)Kontrolle zu führen. In der Mitarbeiterführung sollten Tätigkeiten aufgabenspezifisch und stärkenorientiert vergeben werden und eben nicht stellen- oder positionsabhängig. Auf diese Weise sorgen Führungskräfte dafür, dass über Bereichs- und Ranggrenzen hinweg kommuniziert wird und damit die Koordination von Anstrengungen stufenlos funktioniert. Eine weitere Maßnahme besteht darin, unternehmensintern Lernoptionen zu ermöglichen. Etwa durch Kurse, regelmäßige Führungsseminare, hierarchieunabhängige Diskussionsforen und Workshops, durch Trainings- und Coaching-Initiativen. Dadurch entwickelt sich eine Kultur des Lernens und Wissenstransfers. Das Stichwort ist „lernende Organisation" – ein entscheidender Erfolgsfaktor für das soziale System „Unternehmen".

Nun erstaunt nicht mehr, dass mit dem Wechsel des Paradigmas sich auch die Führungspraxis ändert. Unternehmen und Mitarbeiter zu führen, fordert von Führungskräften, innerhalb dezentraler und flexibler Strukturen zu lenken, zu gestalten und zu Entwicklungen anzustoßen.

Führungskräfte müssen angesichts der grundsätzlichen Unmöglichkeit, zu jeder Zeit alles Wissensmögliche zu wissen und präzise steuern zu können, die Sicherheit von exakt planbarer Zukunft aufgeben und dem Denken und Handeln in Optionen und Wahrscheinlichkeiten Raum lassen. Nur unter dieser Voraussetzung ist es wahrscheinlich, sich an Veränderungen außerhalb des Unternehmens, den Marktbewegungen, etwa Angebot und Nachfrage, rasch anzupassen und auf unvorhergesehene Ereignisse zielorientiert zu reagieren.

Das systemisch-evolutionäre Unternehmenskonzept folgt in seinem Verständnis einigen zentralen Kriterien der biologischen Evolution: Zufall und Selektion, Variation und Retention sowie Eigendynamik und die Beziehung zwischen Innen- und Außenwelt. Diese Kriterien legen nahe, sowohl Veränderung (Entwicklung, Bewegung) als auch Unwägbarkeiten (Unvorhersehbarkeiten) als normal anzuerkennen und in das eigene Wirken einzubeziehen. Das neue Verständnis von Unternehmen und Führung verabschiedet sich insofern von der Ideologie des Durchgreifens, der Machbarkeit und Beherrschbarkeit. Vielmehr kalkuliert das evolutionär-systemische Verständnis ein, dass Prozesse unvorhersehbar, störungsanfällig und daher in ihrem Verlauf nicht prognostizierbar sind. Demzufolge haben Führungskräfte es mit Möglichkeiten und Wahrscheinlichkeiten, nicht mit Sicherheiten zu tun. Führungskräfte sollten sich folglich darauf einrichten, dass Entwicklungen spontan und überraschend verlaufen können und es immer diverse Möglichkeiten des Handelns gibt – von denen jene wahrscheinlich zu machen sind, die anvisiert werden, also gewünscht sind.

Aus all diesen Gründen tut die Unternehmensführung gut daran, eine Kultur des Lernens und des Austauschs, flacher Hierarchien und flexibler Kommunikationsverläufe und Feedback-Schlaufen ins Leben zu rufen und zu pflegen – eine Kultur, in der sich alle Mitglieder verantwortlich fühlen und weitgehend selbst organisiert arbeiten können. In einem komplexen System bleibt kaum etwas anderes übrig, als diese kulturelle Richtung zu verfolgen, sie zu fördern und darauf zu vertrauen, dass sich Personen und Gruppen verantwortlich und initiativ verhalten. Das „neue" Unternehmen wird deshalb als „Vertrauensorganisation" bezeichnet. Im Zentrum der Bemühungen stehen nicht Hierarchie und formale Regularien, sondern „Empowerment", die Befähigung aller Mitglieder zu verantwortungsbewusstem und zielbezogenen Handeln dadurch, dass Rahmenbedingungen markiert werden, innerhalb derer die Mitglieder im besagten Sinn arbeiten können. Dies führt eine gewandelte Sicht auf Nicht-Führungskräfte mit sich.

Mitarbeitende ohne Führungsaufgabe werden als Agenten (nicht als Exekutoren), als Promotoren im Hinblick auf innovative, zielführende Ideen und Handlungen begriffen. Und sie gelten als Medium, als Verbindungsstelle zu in- und externen Kunden. Sie sind Unternehmer im Unternehmen. Die damit verwobenen Anforderungen lauten: Jeder übernimmt Verantwortung und ist dazu verpflichtet, selbst Initiative zu ergreifen. Folglich muss Führung Freiräume lassen, sodass Mitarbeitende maßgeblich selbst entscheiden, wo welcher Bedarf besteht: wo welche Ziele (im Konsens mit den Unternehmenszielen) sinnvoll sind, wie sie realisiert werden können, welche Kompetenzen gebraucht werden, welche Personen diese verkörpern sowie in welcher Weise die Aufgabe operational organisiert wird. Diese Devise folgt dem Postulat, dass Entscheidungen, die marktorientiert getroffen werden sollen, auch dort vorbereitet werden, wo das für diese Entscheidungen bedeutsame Wissen und Können liegt. (Und das liegt eben nicht zwangsläufig auf Vorstandsebene.)

Mit dieser hierarchieübergreifenden Aktivität geht das über Grenzen, Disziplinen und Bereiche laufende Kommunizieren als Anforderung einher. Autorität im Sinne von Entscheidungs- und Gestaltungskompetenz verläuft dezentral und ist temporär, das heißt: aufgaben- oder projektbezogen flexibel; denn wie Zuständigkeiten und Kompetenzen organisiert sind, entscheidet der Auftrag oder die Aufgabe. Sie sind nicht mehr in Stein gemeißelt, sondern in Sand geschrieben, weil es primär um das „How to" zur Befriedigung von Nachfrage und Bedarf geht und nicht darum, eine einmal erreichte Stabilisierung zu sichern.

Die neueren Führungsrealitäten bedingen also ein Umdenken und verändertes Verhalten. Die folgenden Ausführungen gehen auf einzelne Aspekte systemisch-evolutionären Führens noch einmal thesenartig und plakativ ein, weil es diese Gesichtspunkte sind, die uns in der Praxis immer wieder als besonders „heikel" begegnen.

These 1: Manager wissen zu wenig über die Funktionsweise sozialer Systeme

Im Gegensatz zu den Fortschritten, die die Wissenschaft uns in technischer Hinsicht verschafft hat, ist der Fortschritt, den wir im sozialen Zusammenleben über die Jahrhunderte erzielt haben, relativ gering.

Wir reisen um die Erde, fliegen auf den Mond, kommunizieren zu jedem beliebigen Punkt auf der Erde, fahren Satelliten gesteuert durch die Lande, speichern den Inhalt ganzer Bücher in Sekunden, leben mit künstlichen Herzen und Hüftgelenken, impfen uns gegen in früheren Zeiten todbringende Krankheiten, bewahren unser Essen in der Tiefkühltruhe auf, ermöglichen uns ein ungeheueres Bevölkerungswachstum und sehr lange Lebenszeiten.

Was das Zusammenleben angeht, so schaut das ganz anders aus. Wir haben noch keine weltweit gültige Übereinkunft gefunden, wie wir unsere Zukunft gestalten wollen und wie wir friedvoll miteinander leben. Was im Großen noch nicht funktioniert, funktioniert auch noch nicht im Kleinen: Unser Wissen über die Funktionsweise und Lenkung sozialer Systeme ist als verfügbares Verständnis im Alltag der Unternehmensführung stark unterbelichtet. Und das, was wir wissen, wird, wenn wir die unternehmerische Praxis ins Visier nehmen, nur unzureichend gelehrt bzw. praktisch nutzbar gemacht. Für den am meisten ausgeübten Beruf, den des Managers sozialer Systeme, gibt es keine Ausbildung.

Wenn sich auch die Einsicht verbreitet haben mag, dass traditionelle Steuerungsmechanismen wie Macht und Hierarchie, Geld und Boni, Befehl und Gehorsam in modernen, komplexen Organisationen nicht ausreichen, um deren Überlebensfähigkeit zu garantieren, so weist die Praxis des Führens eines Unternehmens und von Mitarbeitenden noch große Defizite auf.

Das Studium lebender Systeme, d. h. von einzelnen Organismen/Individuen oder Gruppen von Organismen/Individuen, hat in den letzten Jahrzehnten wertvolle Ansätze zur Beschreibung und Erklärung der Funktionsweise sozialer Systeme und deren Steuerung geliefert.

Vereinfacht lässt sich für die praktische Arbeit Folgendes daraus ableiten:

These 2: Management von Unternehmen braucht ein systemisch-evolutionäres Verständnis von „Lenken" und „Kooperieren"

Der Einzelne erlebt das Unternehmen sowohl über formale und informelle Regeln als auch durch Interaktionen mit anderen Mitgliedern der Organisation. Das Unternehmen als soziales System wird unmittelbar spürbar auf zwei Weisen: zum einen über die eigenen Bedürfnisse nach sozialem Kontakt, hoher Kommunikationsdichte, nach Geborgenheit und der mit ihr verwobenen Sicherheit sowie nach sinnhaftem Handeln, und zum anderen über die Menschen, mit denen man arbeitet. Findet der Einzelne ein kommunikatives und von Fairness gezeichnetes Arbeitsumfeld, eine bereichsübergreifende Zusammenarbeit und ein gutes Betriebsklima vor, fühlt er sich wohl und ist entsprechend motiviert, sich zu engagieren.

Personen und Gruppen stehen in ständiger Wechselwirkung. Jedes Reden und Handeln, jede Entscheidung eines Mitglieds verändert Wahrnehmungen, Kommunikationsinhalte und Handlungsweisen von anderen. Jede Person übt Einfluss aus und wird beeinflusst – und die Folgen sind nicht immer prognostizierbar. Wenn etwa ein Gruppenmitglied aus Gruppe A sich über einen Vorschlag so äußert, als sei er bereits beschlossen, kann das – unbeabsichtigt – dazu führen, dass ein Mitarbeiter aus einer Gruppe B reagiert: Da er als Fachmann an der Realisierung des Vorschlags mithelfen müsste, macht er sich, weil er gerade Zeit hat, an die Arbeit. Im Laufe einiger Tage oder Wochen wird der Vorschlag dann abgelehnt – was der fleißige Mitarbeiter beiläufig erfährt ... Kurz und gut: Ein Missverständnis hat zu verlorener Zeit und Energie und damit zu Folgen geführt, die man nicht beabsichtigte und nicht prognostizieren konnte.

Es ist das A und O für die Führungskraft, für eine dichte und informelle Kommunikation zu sorgen. Zusätzliche Feedback-Schleifen sind vor allem dann wichtig, wenn es darum geht, personelle und andere Ressourcen zu nutzen. Führen von Personen und Gruppen und Managen meint eine spezielle Kommunikationskultur, die systemische Dynamik und deren Implikationen einkalkuliert. Das Abstraktum „Unternehmen" wird grundsätzlich handlungsfähig erst durch die wechselseitig aufeinander einwirkenden Personen und Gruppen. Führungskräfte sollten in sozialen Systemen stets beachten, dass es in Interaktionen gewollte und nicht gewollte, beabsichtigte und nicht beabsichtigte Wirkungen gibt. Es geht dann darum, Personen und Gruppen so zu führen, dass die Wahrscheinlichkeit destruktiver, irreversibler Folgen sinkt und diejenige konstruktiver Wirkungen wächst.

Aus diesen Gründen ist es sinnvoll, dass Führungskräfte über Merkmale sozialer Systeme (Unternehmen) und psychisch-physischer Systeme (Menschen) informiert sind. Das evolutionäre Verständnis sozialer Systeme hilft, das Unternehmen als System zu begreifen und entsprechend zu führen, während Theorien und Modelle aus der (Personal-, Gruppen-, Arbeits-) Psychologie helfen, das Agieren von Einzelnen und Gruppen zu verstehen. Je mehr wir wissen, desto effektiver können wir lenken.

These 3: Wirksame Unternehmensführer nutzen Steuerungsmechanismen sozialer Systeme

Die Stärke sozialer Systeme, d. h. ihre Fähigkeit, durch *Anpassung* zu überleben, hängt zu einem maßgeblichen Anteil davon ab, inwiefern die einzelnen Elemente involviert werden. Bezogen auf das Unternehmen: Sein Überleben ist erheblich davon abhängig, inwiefern die Mitglieder ihr Wissen und Können einzuspeisen befugt sind, um Zielrichtung und Maßnahmen mitzudefinieren. Anpassung erfordert eine Vorstellung davon, woran man das Unternehmen anpassen will bzw. woran das Unternehmen sich anpassen will (Zielrichtung, Funktion und Sinn). Auch die Verfügbarkeit von Wissen und Können muss berücksichtigt werden. Mit anderen Worten: Das Überleben des Unternehmens wird nur möglich, wenn die Mehrheit der Mitarbeiter die Zielsetzung des Unternehmens kennt, trägt und genug Kompetenz besitzt, die erforderlichen Aktionen zu realisieren. Daher empfiehlt es sich, die Mitglieder an der Definition von Zielen und Aktionsplänen zu beteiligen. Das EPS demonstriert eine erfolgreiche Strategie dafür. Die Bedeutung von Beteiligung ist heute eine Binsenweisheit, die historisch zunächst aus (personal-, sozial-) psychologischer, dann aus empirischer und schließlich aus systemisch-evolutionärer Sicht gestützt ist. Dennoch gibt es zahlreiche Unternehmen, in denen Mitarbeiter nicht in die Entwicklung der Unternehmensziele einbezogen und ebenso wenig konsultiert werden, wenn es darum geht, die Maßnahmen zu erarbeiten, die zu ergreifen sind, um die angestrebten Ergebnisse zu erreichen. Damit verzichten sie auf einen im wörtlichen Sinn maßgeblichen Anteil an Ressourcen, die Weiterentwicklung und Innovation ermöglichen.

In sozialen Systemen geht es allerdings um mehr als allein um Engagement und Partizipation. Es geht um die Möglichkeit, *Selbstorganisation*, d. h. ein Höchstmaß an Selbstverantwortung und autonomem Arbeiten zuzulassen. Die zentralen Steuerungsmechanismen dafür kulminieren im Terminus „Lenken". Lenken ist darauf ausgerichtet, bestimmte Zustände wahrscheinlicher zu machen als andere.

Aktivitäten des Lenkens zeigen sich auf der Verhaltensebene beispielsweise so: Das Unternehmen (etwa in Gestalt der Personalabteilung, auf jeden Fall in Gestalt jeder Führungskraft) sollte Sorge tragen, Lernmöglichkeiten zu schaffen und evtl. zu institutionalisieren, die sich sowohl auf das Denken in Systemen und Vernetzungen beziehen als auch auf das Umgehen mit Veränderungen von Verhalten und auch von Strukturen. Führungskräfte sind aufgefordert, ein erweitertes oder tiefe(re)s Selbstverständnis zu entfalten, ihre Selbstkenntnis zu erhöhen. Sie erleichtern sich das Führen von Mitarbeitenden und erhöhen die Wahrscheinlichkeit, ihre Ziele zu erreichen, wenn sie sich selbst besser bzw. gut kennen: wissen, wo ihre Stärken und Nichtstärken (fachlich wie emotional/sozial), ihre Neigungen und Abneigungen liegen und wo sie Entwicklungspotenzial und auch Grenzen haben. Bereits mit diesem Wissen erhöhen sie den Grad ihrer Selbststeuerung – und können damit wiederum die

Wahrscheinlichkeit erhöhen, angestrebte Wirkungen zu bewirken. Zudem hilft es ihnen dabei, insbesondere das indirekte Führen zu lernen, also ein Führungsverhalten zu leben, das darauf ausgerichtet ist, a) sich selbst als Teil des Systems zu betrachten und b), über Management-Methoden zu führen, die Selbstständigkeit fördern bis hin zu dem Gebot, selbstorganisiertes Arbeiten zu erlauben.

These 4: Soziale Systeme sind komplex

Soziale Systeme sind nicht-trivial und von (selbst-) organisierter Komplexität. Ein Trivialsystem hingegen reagiert auf immer gleiche Art: Wir wissen, was wir erwarten können. Seine Kausalität funktioniert nach dem Ursache-Wirkungs-Prinzip, das Vorhersagbarkeit ermöglicht. Ein Input führt zu einem prognostizierten Output. Ein triviales System ist gekennzeichnet durch Berechenbarkeit, Linearität und Serialität. Die Vorstellung vieler Manager ist, dass ihre Abteilung oder das Unternehmen, in dem sie arbeiten, ein solches Trivialsystem darstellt, also streng kausal und nach dem Prinzip Ursache – Wirkung, Befehl – Gehorsam arbeitet. Diese Illusion wird unter anderem dadurch genährt, dass es Zeiten gab und zuweilen noch gibt (etwa in übersichtlichen Märkten) und dass es Bereiche im Unternehmen gibt (z. B. technische Abläufe), in denen diese Funktionslogik augenscheinlich ist.

Sobald indes die Übersicht immer schwieriger bis unmöglich wird, verlassen wir das sichere Terrain trivialer oder einfacher Systeme. Nehmen wir das Schlagwort „Globalisierung". Es ist Name u. a. dafür, dass weder Unternehmenskonglomerate noch die Beziehungen, Interaktionen oder Wechselwirkungen der Markt-Agenten transparent und daher nicht berechenbar sind. Damit verfügt kein Agent auf dem Markt über sämtliche Informationen, die er bräuchte, um ein Ergebnis exakt zu prognostizieren und detailliert zu planen. Wie die Nobelpreisträger des Jahres 2005 für Ökonomie, die Spieltheoretiker THOMAS SCHELLING und ROBERT AUMANN, demonstrieren: Es bedarf nur kleinster Veränderungen in den Anfangsbedingungen, um das Reagieren in der Folge unkalkulierbar und überraschend zu machen. Das gilt im Großen wie im Kleinen, gilt auf dem Markt wie in sozialen Einheiten, seien es Nachbarschaften oder Abteilungen.

Bezogen auf das Unternehmen bedeutet dies: In turbulenten Zeiten, in denen Veränderungen, Abweichung von Routinen etc. nötig sind, um zu überleben, nimmt Komplexität zu. Im Unternehmen und seinen Subeinheiten (Projekte, Abteilungen, Bereiche etc.) agieren und interagieren Menschen, deren Verhalten eben nicht berechenbar ist – und daher auch nicht die Folgen, die jedes Verhalten und Nicht-Verhalten zeitigt. Selbstorganisation, der Grad an Autonomie, Eigenlogik und Eigendynamik sind hier die Schlüsselworte. Einzelne, Gruppen oder das gesamte Unternehmen (re)agieren unerwartet, überraschend, konterintuitiv, nicht vorhersagbar und nicht determinierbar. Besonders jüngere Manager bzw. Manager mit wenig Erfahrung unterschätzen dieses korrelative Gefüge. Mit der Folge, dass sie sich darüber wundern oder entrüsten, dass ihre Anweisungen (wenn überhaupt befolgt) andere als die angestrebten Auswirkungen haben.

Die Komplexität sozialer Systeme zeigt sich besonders in der nichtlinearen Vernetzung seiner Teile. Personen, Handlungen, Entscheidungen und damit jede Art von Interaktion und Intervention (z. B. eine Korrektur) stehen in zeitlicher und gradueller und damit dynamischer Wechselwirkung mit allen anderen. Diese wechselseitige Beeinflussung ist nicht immer sofort oder überhaupt sichtbar, weil Reaktionen auf Interventionen Zeit beanspruchen. In der Systemtheorie nimmt man vier Klassen von Graden und Geschwindigkeiten der Korrelationen an:

- *träge Elemente:* Sie beeinflussen schwach und sind ihrerseits schwach zu beeinflussen (z. B. Verhaltensweisen Einzelner, Routinen),
- *aktive Elemente:* Sie beeinflussen stark, sind indes selbst schwer zu beeinflussen (z. B. Meinungsführer im Unternehmen oder alte, gewachsene Strukturen),
- *reaktive Elemente:* Sie beeinflussen schwach, sind ihrerseits aber sehr sensibel für Einflüsse (z. B. ängstliche Mitarbeiter)
- *kritische Elemente:* Sie beeinflussen stark und sind ihrerseits stark beeinflussbar (z. B. Berater, Projektgruppen).

Insofern erscheint es sinnvoll, dass insbesondere Führungskräfte sich im vernetzten Denken schulen und bei Interventionsvorhaben etwa die Szenariotechnik anwenden.

These 5: Soziale Systeme zeichnen sich aus durch verschachtelte Regelsysteme und den Hang zur Geschlossenheit

Wie umfangreich und tief in der Organisation verwurzelt Regelsysteme sind, mögen ein paar Beispiele zeigen: Kostenrahmen, Verfahrensanweisungen aller Art, Rezepturen, Softwaresysteme, Algorithmen in den Systemen, Planungsabläufe, Kommunikationsmuster, Gruppenbeziehungen in und zwischen einzelnen Unternehmensbereichen, semantische Codes, Belohnungs- und Karrieremuster, Organisationsstrukturen, Spezialsprachen, Fremdsprachen, Verträge aller Art und nicht zuletzt Gepflogenheiten, Verhaltensmuster, Vorurteile und Feindbilder bestimmen das Verhalten einer Organisation.

Ein Großteil organisatorischen Verhaltens, Entscheidungen eingeschlossen, besteht mehr aus dem Befolgen von Regeln als dem Abschätzen von Konsequenzen. Die Mitglieder eines Unternehmens sind mehr mit sich selbst und mit (gewachsenen) Prozeduren beschäftigt als mit dem Kunden, dem Markt und anderen Umfeldsystemen, die das Unternehmen zu seinem Überleben benötigt. Mitglieder kommentieren „operationelle Geschlossenheit" und „Selbstreferenzialität" häufig mit Äußerungen wie: „Wenn wir die Zeit und Aufmerksamkeit, die wir auf uns selbst verwenden, dem Kunden widmen würden ...", oder mit der Klage: „Die Personalabteilung hat schon wieder das Formular für die Mitarbeitergespräche verändert ..." Die viel zitierte „Betriebsblindheit" kennzeichnet das Gemeinte auf der individuellen Ebene. Dies erschwert rasches und flexibles Reagieren auf Veränderungen.

Je älter oder erfolgreicher Unternehmen sind, desto größer ist das Risiko, an tradierten, verkrusteten, vertrauten Strukturen zu kleben, sie zu zementieren oder/und sich mit sich selbst zu befassen, kaum kritisch und offen zu überprüfen, ob die etablierten Regelsysteme eine schnelle Anpassung an sich ändernde Umfeld- und Marktverhältnisse zulassen. Der Niedergang vieler Unternehmen liegt in diesem Hang zur Selbstbezüglichkeit begründet.

These 6: Soziale Systeme sind wie psychische Systeme sinnhaft konstituiert

Psychische Systeme (vereinfacht: Menschen) bilden und verarbeiten Sinn in Form von Gedanken und Vorstellungen und offenbaren dies in ihrem Handeln. Soziale Systeme verarbeiten und vermitteln Sinn in Form symbolisch vermittelter Kommunikation, etwa in Sprache. Soziale Systeme bilden sich auf der Grundlage anschlussfähiger Kommunikationen: Eine Mitteilung muss für den Empfänger „Sinn machen", sodass er adäquat darauf antworten kann. Damit soziale Systeme bestehen können, ist fortlaufende anschlussfähige Kommunikation unerlässlich.

Sinn und Zweck von Wirtschaftsunternehmen liegt – verkürzt gesprochen – in der profitablen Produktion oder Vermittlung von Produkten und Dienstleistungen. Diese Sinnhaftigkeit lässt sich den Mitgliedern vermitteln durch die klar verständliche Kommunikation des Zwecks. Menschen fällt es leichter, sich zu engagieren, wenn sie verstehen, also nachvollziehen können, in welchen (größeren) Zusammenhang das eigene Tun eingebettet ist. Antworten auf die Frage nach Sinn und Zweck geben etwa Leitbilder eines Unternehmens. Dort formulieren Unternehmen ihre Vision und Wert-orientierung, ihre Strategie sowie Führungsphilosophie. Aus ihnen werden kollektive und individuelle Sach- und Verhaltensziele abgeleitet, sodass jedes Unternehmensmitglied wissen kann, warum und wozu es mit seiner Arbeit einen Beitrag leistet.

Kann also ein Mitarbeiter beantworten, warum er in einem Unternehmen arbeitet, wozu genau er einen Beitrag erbringt und worin die konkreten Möglichkeiten der Mitwirkung bestehen, (und decken sich Antworten mit dem, was das Unternehmen vermitteln will), hat die Vermittlung der Sinnhaftigkeit und damit die Kontextuierung des eigenen Wirkens geklappt.

Wird dieser Fragekreis mehrheitlich unklar beantwortet, ist das ein Zeichen dafür, dass die Vermittlung der Sinnhaftigkeit fehlgeschlagen ist. Führungskräfte sollten sich dann Gedanken darüber machen, ob der Mangel auf ein tatsächliches Defizit zurückzuführen ist, also darauf, dass die Unternehmensführung den Sinn des unternehmerischen Tuns nicht oder unverständlich kommuniziert hat. In beiden Fällen ist es ratsam, Sinn in Wort und Bild zu kleiden und für alle Mitglieder verständlich zu transportieren.

Im zweiten Fall sollte zusätzlich überprüft werden, ob die interne Kommunikationskultur im Unternehmen insgesamt einer Revision zu unterziehen ist. Lautet das Fazit, dass sie verändert werden soll, ist es empfehlenswert, dies systematisch zu tun – ganz im systemisch-evolutionären Sinn. Eine Bestandsaufnahme (Kulturassessment) diagnostiziert, was warum der Fall ist (wo es etwa Kommunikationsmuster, -verläufe und -inhalte gibt, die kontraproduktiv oder zumindest nicht konstruktiv sind) und was aus welchen Gründen anvisiert wird. Die zu startenden Interventionen sollten dann auf Einflussgrößen bezogen werden, die gemäß ihrer Reaktionssensibilität und -geschwindigkeit zu instrumentalisieren sind.

Wir dürfen betonen: Die Gestaltung von Unternehmenskultur oder die Veränderung wesentlicher kultureller Eigenheiten eines Unternehmens nehmen ihren Ausgang in der oben erwähnten Bestandsaufnahme. Zudem muss geklärt sein, welche Art von Kultur, beispielsweise Kommunikationskultur, im Unternehmen angestrebt wird, warum sie erstrebenswert und woran sie erkennbar ist. Es gilt, Fragen zu beantworten wie: Woran erkennen wir, dass die Mehrheit unserer Mitarbeitenden eine konstruktive und offene Kommunikation pflegt? Welche Verhaltensweisen müssen sie zeigen? Welche Zeichen (symbolträchtige Hinweise) kann das Management setzen?

Nach dieser Klärung geht es darum, Prioritäten zu setzen und zu entscheiden, an welchen Kulturelementen des Unternehmens aus welchen Gründen und mit welchen Zielen gearbeitet werden soll. In hervorragender Weise dafür qualifiziert sind Kulturmanager oder jene Führungskräfte, deren Stärke im symbolischen Führen besteht. Aktive Kulturgestaltung demonstriert eindrücklich, in welcher Weise Akteure (Personen und Gruppen), Strukturen und Prozeduren (Routinen, Regelsysteme, Verfahren) sowie alle anderen Kulturelemente (etwa Sprechweisen, Artefakte wie Büroeinrichtungen) dazu beitragen, die Wirklichkeit des Unternehmens zu schaffen.

These 7: Soziale Systeme wehren sich gegen Veränderung

Soziale Systeme tun sich mit Veränderungen schwer. Da in dem sozialen System „Unternehmen" Menschen agieren, müssen wir zusätzlich die Psychologie bemühen und psychologische Aspekte beim Einleiten von Veränderungen berücksichtigen. Die meisten Menschen wehren geforderte Veränderungen zunächst ab. Warum ist das so? Wir empfehlen Führungskräften, Widerstand gegen Veränderungen zunächst als etwas Normales, als „Menschlich-Allzumenschliches" zu akzeptieren und als eine bedeutsame Energie zu deuten. Diese Sichtweise eröffnet ihnen Chancen, Energien des Widerstandes konstruktiv einzubinden.

Der Begriff „Veränderung" enthält das Wort „anders" und verweist auf etwas, das verborgen ist: „anders", „Andersartigkeit", „Veränderung" – all diese Begriffe sind relational. Sie verweisen auf eine Beziehung, nehmen Bezug auf etwas „anders als". Veränderung hat mit „Neu-Machen" zu tun, und dieses Neue macht einen Unterschied zum Bestehenden. Es unterbricht Routinen, bricht in eine Welt des Vertrauten ein. Das Neue ist unbekannt und provoziert deshalb Unsicherheiten bis hin zu Ängsten. Diese Gefühle verführen uns dazu, uns an das Bewährte zu halten: Der berühmte Spatz in der Hand ist uns lieber als die Taube auf dem Dach!

Es ist folglich nicht verwunderlich, dass die meisten Menschen in Unternehmen, Führungskräfte wie Mitarbeitende, Veränderungen, die ihnen grundlegend erscheinen, scheuen oder ihnen mit Skepsis oder Widerstand entgegentreten. Dies gilt zumal, wenn Veränderungen die gesamte Persönlichkeit ergreifen. Denn veränderte Strukturen, Abläufe und andere Rahmenbedingungen innerhalb des Unternehmens verlangen verändertes Handeln; verändertes Handeln setzt, um nachhaltig und zuverlässig zu sein, verändertes Denken voraus. (Und da wir neuerdings dank der Neurowissenschaften belegen können, dass gefühlsfreies Denken nicht möglich ist, dürfen wir hinzufügen: auch verändertes Fühlen.)

Dass die gesamte Persönlichkeit involviert ist, wenn wir uns veränderten Anforderungen stellen, mag dieses Beispiel illustrieren. Versetzen Sie sich zurück in die Zeit, als Ihnen erstmalig die Leitung eines zentralen Projektes übertragen wurde. Mit Sicherheit hatte das Auswirkungen auf Ihr Selbstwertgefühl, auf Ihre Zukunftsvisionen und auf Ihr gesamtes Verhalten. Sie mussten sich auf die neue Situation einstellen, und das heißt konkret: auf die Anforderungen, die die Sache an Sie stellte, sowie auf die Anforderungen, die die Führung des Teams an Sie stellte. All Ihr Denken, Fühlen und Handeln mussten Sie neu austarieren, um den Herausforderungen gewachsen zu sein. Diese erste Erfahrung veränderte Sie bereits. Je länger Sie in leitender Funktion arbeiten, desto manifester werden die Veränderungen Ihrer Persönlichkeit und Ihres Verhaltens auch außerhalb des Unternehmens. Gewohnt, Entscheidungen im Zweifel allein, zumindest aber als letzte Instanz fällen zu müssen, werden Sie auch im Privaten mit der Zeit resoluter oder fällen „einsame Entscheidungen", wenn es schnell gehen soll. Oder Sie tendieren dazu, Organisatorisches in die eigenen Hände zu nehmen, weil es rascher geht, als wenn es jemand anderes tut. Sie machen das schließlich tagaus und tagein!

Veränderungen implizieren also Umstellungen. Wir geben Gewohntes auf und wenden uns Unbekanntem zu. Das verweist darauf, dass Veränderung mit Lernen zu tun hat. Bedenken Sie auch, dass es weniger die Veränderung an sich ist, die beunruhigt (egal ob in Richtung Verzweiflung, Resignation oder Euphorie). Es ist immer unsere Deutung der Wandlung und die bange Frage: „Schaffe ich das?" Diese Frage umkreist jene Menschen mehr, die mit Veränderung „Krise", „Ungewissheit", „Gefahr" oder „Versagen" assoziieren – und jene weniger, die Veränderung positiv werten, etwa mit „Bewegung", „neue Optionen", „Potenzialentfaltung".

Führungskräften, die den Wandel gut heißen und fördern, sei empfohlen, durch eine bestimmte Art der Gesprächsführung den Gegenüber anzuregen, die negative und negierende, verängstigte Sicht zu Gunsten einer optimistischen zu wandeln. Zunächst einmal sind die Befürchtungen ernst zu nehmen. Es scheint nicht ratsam, zu versuchen, Verängstigten die Befürchtungen auszureden. Im Gegenteil: Führungskräfte erreichen Zugang zum Verunsicherten, indem sie Ängste aufnehmen und Fragen stellen, die geeignet sind, die Befürchtungen näher zu untersuchen. Auf diese Weise lichtet sich für beide Parteien der Nebel. Erfahrungsgemäß führen Fragen wie die folgenden dazu, sowohl die Problematik verstehend einzukreisen als auch, Lösungsvorstellungen zu entwickeln: Was genau befürchten die Widerständler? Was verbinden sie mit der angestrebten Veränderung? Schwingen Versagungsängste mit, also die Furcht davor, die neuen Anforderungen nicht erfüllen zu können? In welcher Weise bietet das Unternehmen Lernmöglichkeiten? Welche Unterstützung leistet die Führung im Prozess der Veränderung? Sind die anvisierten Veränderungen konkret – und in dieser Konkretheit verständlich vermittelt? Welche Anstrengungen werden unternommen, um die Notwendigkeit der Veränderungen nachvollziehbar zu machen? Werden die Mitarbeitenden übergangen oder einbezogen? Was müsste das Unternehmen tun, um die Ängste zu verjagen? Woran merkt der Widerständler, dass er keinen Grund mehr zum Widerstand hat? Was kann er selber dazu beitragen? – Solche und ähnliche Fragen zu stellen und zu diskutieren sowie entsprechende Maßnahmen einzuleiten, hilft, Veränderungen durchzusetzen, und zwar *mit* den Betroffenen. In den vorangegangenen Kapiteln zum EPS ist deutlich geworden, dass dieses System Ihnen dabei tatkräftig zur Seite stehen kann. Denn neben der Ablauf-Inszenierung erfüllt es eine zentrale lernpsychologische Anforderung, die Ablehnung von Veränderungen in Akzeptanz überführen kann: Das EPS knüpft an Bekanntes an, behält Bekanntes bei und bereichert gleichzeitig die vertraute Welt um neuartige Facetten. Das hat den Vorteil, dass nicht „alles" anders wird, sondern nur ein Teil – und dies wiederum vermittelt die Zuversicht, mit dem Neuen zurechtkommen zu können.

Beziehen wir diese Ausführungen darauf, Veränderungen in komplexen Systemen, wie es Unternehmen sind, zu realisieren, empfehlen sich die folgenden sechs Phasen:

1. *Ziele definieren und die Situation modellieren*
   Ist und Soll werden verglichen und insbesondere das Soll, also die Zukunft, begründet und dem Gesamtkontext integriert. Welche Ziele verfolgen wir aus welchen Gründen? Welche Maßnahmen müssen wir ergreifen, welche Haupt- und Nebenwirkungen visieren wir an, und mit welchen nicht intendierten Wirkungen müssen wir rechnen? Worauf müssen wir uns einstellen – und wie halten wir uns bereit, schnell auf nichtgewollte Wirkungen zu reagieren?

2. *Wirkungsverläufe analysieren*
   Welcher Logik folgen Interventionen? Etwa: Folgt einer Preissenkung ein erhöhter Absatz? Welche Intensität haben Wirkungen? Haben wir es mit aktiven, reaktiven, kritischen oder trägen Wirkungen zu tun? In welchem Zeitraum können wir welche Wirkungen erwarten?

3. *Zukünftige Veränderungsoptionen erkennen und integrieren*
Hier hilft es weiter, mit der Szenariotechnik zu verfahren. Einflussgrößen müssen definiert werden: Worauf haben wir maßgeblich Einfluss, worauf kaum, worauf nicht? Schlüsselfaktoren müssen erkannt werden, innerhalb des Unternehmens und außerhalb, also in seinen relevanten Umwelten wie dem Markt. Es ist ratsam, mehrere Szenarien zu entwerfen.

4. *Lenkungsoptionen benennen*
In Bezug auf die Lenkungsebenen Personen, Gruppen (Abteilungen, Projektgruppen etc.), Abläufe sind Fragen zu stellen wie: Welche Parameter sind in welcher Weise und in welcher Geschwindigkeit zu beeinflussen? Welche Indikatoren wählen wir, um Veränderungen zu erkennen? Welche Lenkungsmaßnahmen empfehlen sich, und wie führen wir sie durch?

5. *Viel versprechende Optionen auswählen und umsetzen*
Die gewählten Optionen und Strategien sollten überprüft werden: Passen sie in das spezifische Umfeld? Wie kann das Vorhaben operationalisiert werden? Welche Arbeitspakete, Projekte etc. benötigen wir? Wie wird was an wen kommuniziert? Wie sichern wir die Fähigkeit und Fertigkeit zur Umsetzung in struktureller, organisatorischer und individueller Hinsicht? Wie organisieren wir iterative Planung (Feedbackschleifen) und Zielrealisierung? Wie organisieren wir das Gedächtnis des Unternehmens (Wissensorganisation)?

6. *Das Vorhaben verwirklichen*
Kontrollsysteme, die die den Fortlauf beobachten, sind zu installieren, damit gegebenenfalls rasch interveniert werden kann. Zusätzlich sollte die Fertigkeit zur Selbstorganisation und Selbstlenkung der beteiligten Personen und Gruppen erhöht werden.

Diese Phasen sieht, wie in Kapitel 3 gezeigt, auch das EPS vor. Hervorgehoben sei an dieser Stelle noch einmal: Damit die Betroffenen mitziehen, sollten sie früh in den Veränderungsprozess einbezogen werden, sowohl informationell als auch handelnd:

- informiert da, woran sie nicht mitwirken können,
- einbezogen da, woran sie mitwirken können,
- eingesetzt da, wo sie jeweils ihre Stärken haben.

Da auch das EPS das eigenverantwortliche Arbeiten unterstreicht, ist es im Sinne der Förderung zur Selbstlenkung bedeutsam, stets das Warum, den Entstehungszusammenhang der Veränderungsnotwendigkeit, zu erläutern und das Vorhaben in den großen Kontext, in dem sich das unternehmerische Handeln bewegt, einzubetten. Ziele, Absichten, Erfolgsaussichten und Nutzen sind zu benennen, für das Unternehmen wie auch für den Einzelnen (der ja für die Veränderung gewonnen werden soll). Zudem sollten Führungskräfte verdeutlichen, worin die flankierenden Maßnahmen bestehen, die ermöglichen, das zu lernen, was es braucht, um den neuen Anforderungen gerecht werden zu können.

Fazit: Das Wissen um zentrale Aspekte komplexer sozialer Systeme hilft Managern, in komplexen Situationen angemessen zu führen: das Unternehmen und die Mitglieder. Ein Schlüssel zur erfolgreichen Unternehmensführung – neben dem Wissen und Können – liegt darin, die Fähigkeit und Fertigkeit zur Selbstorganisation zu erhöhen, zu selbst initiiertem und eigenverantwortlichem Handeln im Sinne des Unternehmens und seiner Ziele. Dies wird befördert durch eine bestimmte, komplexen sozialen Systemen adäquate Ausprägung der internen Führungs-, Lern- und Kommunikationskultur. Sie ermöglichen schnelles und flexibles Reagieren auf gewandelte Situationen.

Das EPS profiliert sich dabei als ein ausgefeiltes interaktives Führungssystem, das Führungskräfte in ihren Bemühungen unterstützt, sich den Herausforderungen mutig und souverän entgegenzustellen.

Nachwort

Das Unternehmen als Organismus oder:
Wie bewege ich eine Organisation ?

(für diejenigen, die wie wir Bücher von hinten zu lesen anfangen)

Fast überflüssig zu bemerken: Die Internationalisierung hat auch den Mittelstand erfasst. Das zeigt sich insbesondere darin, dass auch beim Mittelstand Unternehmenszusammenschlüsse immer beliebter werden. In Mergers, Fusionen, Joint Ventures und anderen Arten enger und institutionalisierter Kooperation finden auch Mittelständler häufig den einzig sinnvollen Weg zur Lösung von Nachfolgeproblemen, zu einer tragbaren Risikostreuung, zur Erlangung von Skaleneffekten in Bezug auf den Markt oder – in der Hoffnung auf synergetische Effekte – zur Kostenreduzierung. Zu einer engeren Kooperation greifen Mittelständler auch, wenn sie sich davon versprechen, den Kapitalbedarf, den eine Expansion erfordert, aufzubringen.

Zudem gilt inzwischen auch für den Mittelstand in zunehmendem Maße: Das Beständige ist das Unbeständige. Konkret: Immer mehr Mittelständler erhoffen sich von Umorganisationen in Strukturen und Abläufen innerhalb des Unternehmens, die Ertragskraft zu verbessern.

Die Theorie ist das eine, die Praxis das andere Gesicht der Maßnahmen, die zu Optimierungen und Verbesserungen von Ergebnissen führen sollen. In der Praxis ist nämlich die Durchführung der notwendigen Veränderungen meist schwieriger als angenommen. Der Misserfolg ist hoch wahrscheinlich – insbesondere dann, wenn eintritt, was wir als Berater und Trainer eher in der Regel als ausnahmsweise erleben: Manager, Aufsichtsräte und Betriebsräte (sowie Analysten) unterschätzen genau diesen Transfer vom Schreibtisch in die Abläufe und Strukturen des Unternehmens. Das demonstrieren Untersuchungen zum Erfolg von Restrukturierungen ebenso wie von Zusammenschlüssen eindrücklich. Die Erhebungen sagen, dass bilanzwirksame, nachhaltige Ergebnisverbesserungen (als ein Maßstab des geplanten Erfolgs) nur bei etwa einem Viertel bis einem Drittel aller Restrukturierungsprojekte und Fusionen eintreten. Ein durchaus betriebswirtschaftlicher Grund, solche Maßnahmen gründlich zu reflektieren, sorgfältig zu planen und durchzuführen. Das EPS, unser Erfolgsplanungssystem, dient dabei als ein effektiver Leitfaden und eine praktikable Methode: Sie bewährt sich seit vielen Jahren.

Wir haben in unseren Ausführungen immer wieder darauf hingewiesen, dass zu dieser Reflexion und Sorgfalt wesentlich gehört, dass Manager, Berater und Aufsichtsrat das sich verändernde Unternehmen als ein soziales System begreifen. Sie haben es insbesondere mit den Tücken der Selbstreferenzialität (Selbstbezüglichkeit, Eigenlogik) und der operativen Geschlossenheit (dem Hang zur Autonomie) zu tun. Ohne uns zu wiederholen, sei hervorgehoben, dass Sie sich als Akteure innerhalb des Systems und gleichzeitig als Akteure, die das System lenken, begreifen sollten. Gemäß dieser Doppelfunktion lassen sie sich von der Frage leiten: Wie bewege ich mich innerhalb der Organisation? Wodurch werde ich bewegt und wie bewege ich die Organisation (Akteure, Strukturen, Prozesse) in die gewünschte, neue Richtung?

Dabei gilt es, auch Erwartungen anderer vorzubeugen. Die Erwartung ist in zahlreichen Fällen, dass in kurzer Zeit erfolgreiche Strategien und kurzfristig bereits Effekte sichtbar werden sollen. Allerdings ist das eine glatte Überforderung. Denn es sind immer Menschen, die die Veränderungen exerzieren müssen. Da nun aber der menschliche Verstand bereits aufgrund seiner genetischen Ausstattung und Funktionsweise sich sehr schwer tut, die Dynamik komplexer Systeme unmittelbar zu durchschauen, sollte diese Erschwernis bei der Planung der einzelnen Schritte berücksichtigt werden.

Im Umgang mit komplexen Systemen neigen Menschen dazu, in linearen Abfolgen zu denken und zu meinen, Zukünftiges lasse sich exakt im Voraus planen. Sie können mit dieser Denkart bestenfalls unmittelbare Haupteffekte von Handlungen in den Blick bekommen, nicht indes ungeplante Nebenfolgen, geschweige denn die Gesamtheit der Auswirkungen innerhalb des gesamten Systems. Die Anwendung linear kausalen Denkens, Planens und Handelns mündet daher in nicht-trivialen und komplexen Systemen, wie Unternehmen es sind, in den Misserfolg.

Bei erfolgreichen Umformungen von Organisationen kommt es daher besonders darauf an, die in der Organisation geltenden Regelsysteme zu verändern. Dies vorzugsweise deshalb, weil ein Großteil organisatorischen Verhaltens, einschließlich Entscheidungen, mehr aus dem Befolgen von Regeln besteht als aus dem Abschätzen von Konsequenzen.

Eine weitere wichtige Erkenntnis und Empfehlung ist, dass Veränderungen umso erfolgreicher bewirkt werden, je weniger der Therapeut, sprich Manager oder Berater, die neuen Regeln liefert. Vielmehr hat es sich als erfolgversprechend erwiesen, die Mitglieder des Unternehmens zu fordern: Sie als Experten und Akteure verfügen über Ressourcen, um wirksame, zielführende Regeln selbst zu generieren.

Zur erfolgreichen Fusion oder Restrukturierung benötigt ein Unternehmen daher ein Führungssystem, welches dafür sorgt,

- dasjenige Wollen, Wissen und Können verfügbar zu machen, das bis dato vor allem in der Persönlichkeit des Unternehmers bzw. in den wenigen „führenden Köpfen" zweier Unternehmen verborgen, präziser: monopolisiert war,

- dieses Wollen, Wissen und Können unternehmensweit zu kanalisieren und so zu streuen, dass Kompetenzen dort aktiv werden, wo sie benötigt werden,

- Strukturen, Abläufe, Kompetenzen, Lehren und Lernen effektiv und effizient zu gestalten, sodass das neue Unternehmen nachhaltig auf Erfolgskurs gebracht werden kann.

Im Erfolgsplanungssystem finden Sie ein Instrumentarium für Führung und Kommunikation, mit dem eine Organisation so bewegt werden kann, wie es ein Kopf weder allein bewerkstelligen noch en detail beherrschen könnte.

Anhang für die Praxis

1 Definition von Verantwortlichkeiten

Geschäftsführer

Geschäftsführer sind ihren Gesellschaftern und Mitarbeitern gegenüber verantwortlich für marktorientierte und wertsteigernde

* *Innovation*
  Im Unternehmen werden Produkte und Dienstleistungen nach dem neuesten Stand der Erkenntnis entwickelt, eingekauft, eingesetzt, gehandhabt und verkauft.
* *Kommunikation*
  Das Unternehmen pflegt eine aktive, hierarchische und andere Grenzen überschreitende Kommunikation nach innen und nach außen.
* *Transparenz und Management der Ressourcen*
  Im Unternehmen herrscht Transparenz über die verfügbaren Ressourcen und diese werden abgestimmt und wirtschaftlich eingesetzt.
* *Mitarbeiterführung und Organisation*
  Im Unternehmen werden die Geschäftsprozesse nach dem neuesten Stand der Erkenntnis weiterentwickelt. Mitarbeiterführung schließt die Entwicklung von Potenzial und andere Maßnahmen zur Befähigung ein.
* *Zielsetzung, Planung und Berichterstattung*
  Im Unternehmen werden Zielsetzungen von oben nach unten und von unten nach oben entwickelt, geordnet und geplant.
* *Unternehmens-Ergebnisse*
  Die geplanten Ergebnisse sind so formuliert, dass sie bei Umsatz, Kosten und Gewinn erreicht werden und zur Steigerung des Wertes des Unternehmens beitragen.

Die Aufgaben und Tätigkeiten, die jemand mit Gesamtverantwortung hat, sind in erster Linie „sicherstellender" Natur. Das heißt, es obliegt dem Geschäftsführer, durch geeignete Maßnahmen sicherzustellen, dass die gewünschten Ergebnisse, die sich aus Zielsetzung und Planung ergeben, erzielt werden. Häufig trägt ein Geschäftsführer zusätzlich die Verantwortung für das Erreichen der geplanten Bereichsziele, die ihm zugeordnet sind. Diese Ziele sind deckungsgleich mit den Zielen der Mitarbeiter seiner ersten Führungsebene. Sie entstehen aus der Diskussion sowohl in der Geschäftsleitung als auch mit seinen Mitarbeitern und umfassen die für das Unternehmen für den Betrachtungszeitraum wichtigsten zu erreichenden Ziele.

Abteilungsleiter, Gruppenleiter, Prozessverantwortliche

Abteilungsleiter, Gruppenleiter, Prozessverantwortliche, denen Mitarbeiter zugeordnet sind, haben sowohl allgemeine als auch spezifische Verantwortlichkeiten. Erstere ergeben sich aus der allgemeinen Führungsverantwortung.

Abteilungsleiter sind allgemein verantwortlich für

- *Mitarbeiter und Organisation*
  Mitarbeiter werden so geführt, dass sie sich mit den Zielen des Unternehmens und der Abteilung identifizieren und tatkräftig zu ihrer Erreichung beitragen.
- *Wirtschaftlichkeit des Bereiches*
  Die Leistungskriterien für den Bereich sind definiert und werden eingehalten.
- *Planung und Berichterstattung*
  Die Leistung des Bereiches wird geplant und die Zielereichung regelmäßig verfolgt und berichtet.
- *Sonderaufgaben*
  Begrenzte, für das Unternehmen wichtige Aufgaben werden erfüllt.

Spezifische Verantwortlichkeiten ergeben sich aus der Arbeitsteiligkeit moderner Betriebe. Sie sind in der Regel dadurch charakterisiert, dass niemand anders im Unternehmen dieselbe Verantwortung hat und sich alle darauf verlassen, dass der Bereich seiner spezifischen Verantwortung gerecht wird.

Spezifische Verantwortlichkeiten können für Abteilungen beispielhaft wie folgt definiert werden:

Einkauf
- *Beschaffung der geplanten Mengen und Leistungen*
Die geplanten Mengen/Leistungen sind zur rechten Zeit bei geringer Kapitalbindung verfügbar.
- *Beschaffung nach unternehmensspezifischen Standards*
Die beschafften Güter und Leistungen entsprechen den definierten Qualitätskriterien.
- *Wirtschaftlichkeit des Einkaufs*
Die Einkaufsleistung für das Unternehmen wird wirtschaftlich erbracht.
- *Einkaufsplanung*
Die Einkaufsplanung steht im Einklang mit der Verkaufsplanung, für das Unternehmen wird ein wirtschaftlicher Vorteil erzielt.
- *Beschaffungsmarktforschung*
Alternative Lieferanten zur Sicherung der Versorgung und Wirtschaftlichkeit stehen zur Verfügung.
- *Koordinationsaufgaben*
Wertanalyse, Rahmenverträge für Tochtergesellschaften werden erbracht.

Betriebswirtschaftliche Abteilung
- *Buchhaltung*
ordnungsgemäße Buchführung
- *Bilanzen und Steuern*
Erstellung der Gewinn- und Verlustrechnung und Bilanzen
- *Unternehmensplanung und Controlling*
Erstellung der abgestimmten Unternehmensplanung, Ermittlung und Diskussion von Planabweichungen
- *Kreditoren- und Debitorenmanagement*
Optimierung der Geldflüsse unter Einbeziehung der anderen Abteilungen
- *Finanzplanung*
Ermittlung und Optimierung des Finanzbedarfs, inkl. Investitionen
- *Wirtschaftlichkeit der BWA*
Erstellen der Leistungen der BWA für das Unternehmen

Informationsmanagement
- *Elektronische Datenverarbeitung*
  Auswahl und Betrieb der für das Unternehmen optimalen Hard- und Software
- *Wirtschaftlichkeit der EDV*
  Leistungen für das Unternehmen

		Vertrieb	Marketing	Entwicklung	Einkauf	Produktion	Person
Spezifische Verantwortung für	1.	Absatz/ Umsatzziel	Erstellung Marketing-Plan	Entwicklung neuer Produkte	Qualität der Versorgung	Quantität der Produktion	Person beschaff
	2.	Kundenkontakte	Erstellung Entwicklungspläne	Verbesserung existierender Produkte	Quantität der Versorgung	Qualität der Produktion	Person betreut
	3.	Mitarbeit und Umsetzung Marketingplan	Koordination der geplanten Marketingmaßnahmen	Entwicklung neuer Verfahren	Wirtschaftlichkeit der Versorgung	Wirtschaftlichkeit der Produktion	Person verwalt
	4.	Erreichen des Ertragszieles	Marktforschung	Verbesserung existierender Verfahren	Marktforschung	Instandhaltung und betriebliche Logistik	Person entwick
Allgemeine Verantwortung für	5.	Vertriebsplanung	Mitarbeiter/ Organisation/ Kommunikation	Mitarbeiter/ Organisation/ Kommunikation	Einkaufsplanung	Planung der Ressourcen	Person planur
	6.	Mitarbeiter/ Organisation/ Kommunik.	Wirtschaftlichkeit	Wirtschaftlichkeit	Mitarbeiter/ Organisation/ Kommunik.	Mitarbeiter/ Organisation/ Kommunik.	Mitarbe Organisa Kommu
	7.	Wirtschaftlichkeit des Vertriebs	Berichterstattung	Berichterstattung	Berichterstattung/ Kenndaten	Berichterstattung	Wirtsch lichke
	8.	Berichterstattung	Sonderaufgaben	Sonderaufgaben	Sonderaufgaben	Sonderaufgaben	Berich erstattu
	9.	Sonderaufgaben					Sonde aufgab

Anhang für die Praxis

- *Optimierung der Prozessabläufe und Informationsströme*
  in Abstimmung mit den anderen Bereichen zur Arbeitsvereinfachung
- *Datentechnische Betreuung und Koordination*
  der anderen Abteilungen des Unternehmens zur Erhöhung der Wirtschaftlichkeit

anz- und hnungs- vesen	Controlling ...
stellung anz-Plan	Durchführung Jahresplanung/ Wirtschaftsplanung
anisation Zahlungs- erkehrs	Monats-/ Quartals- und Jahresabschluss
hführung ermögens, editoren, ebitoren	Wirtschaftlichkeitsanalysen und Bewertung Abweichungen
ellung der uV und lanzen	Vorschläge für Maßnahmen/ Beratung der Abteilungen
tarbeiter/ anisation/ nmunikation	Mitarbeiter/ Organisation/ Kommunikation
rtschaftichkeit	Wirtschaftlichkeit
Berichtstattung	Berichterstattung
onderufgaben	Sonderaufgaben

Logistik
- *Lagermanagement*
  Verwaltung und Betrieb der Läger
- *Innerbetriebliche Warenströme*
  standortintern und standortübergreifend
- *Distributionslogistik*
  Optimierung der Warenverteil-Logistik
- *Wirtschaftlichkeit der Logistik*
  dass die Leistungen der Logistik für das Unternehmen wirtschaftlich erbracht werden
- *Bestandsmanagement*
  Optimierung der Bestandshöhen zur Reduzierung der Kapitalbindung zusammen mit dem Verkauf

Verkauf
- *Erstellung des Marketing- und Verkaufsplans*
  als Input für den von BWA zu erstellenden Unternehmensplan
- *Erreichen der Volumenziele*
  Absatz, Umsatzziel mit monatlicher Überwachung und Steuerung
- *Erreichen der Ertragsziele*
  Margen, Deckungsbeiträge mit monatlicher Überwachung und Steuerung
- *Umsetzung der geplanten Verkaufsförderungsmaßnahmen*
  mit monatlicher Überwachung und Steuerung

- *Kundenkontakte und Kundenbetreuung*
  Neu- und Altkunden; Kundenportfolio
- *Wirtschaftlichkeit des Verkaufs*
  dass die Leistungen für das Unternehmen wirtschaftlich erbracht werden.
- *Bestandsmanagement*
  zusammen mit Logistik zur Erreichung der geplanten Lagerumschlagshäufigkeiten/Kapitalbindung

2 Ermittlung von Kennzahlen

Aller Regel nach wird ein Unternehmen mehr von den Markt- und Umfeldbedingungen bestimmt als umgekehrt. Es kann aber versuchen, durch interne Anstrengungen, Planrechnungen und Analysen ein möglichst differenziertes Bild über die eigene wirtschaftliche Leistungsfähigkeit zu gewinnen (Rentabilität/Liquidität/Produktivität). Dazu braucht es aussagefähige Informationen/Statistiken/Berichte über die einzelnen Unternehmensbereiche hinsichtlich der

1. Ausrichtung der Bereiche an den Unternehmenszielen (Markt- und Kundenorientierung, Kostentransparenz und -management, Mitarbeiter- und Organisationsentwicklung)

2. Struktur, Organisation und Abläufe der Bereiche (Kostensituation, Durchlaufzeiten, Termintreue, Qualität der Arbeit, Flexibilität der Abteilung usw.)

Je größer die Transparenz und Aussagefähigkeit der – nach dem Gegenstromprinzip zu ermittelnden Daten („von oben" und „von unten") – Unternehmenszahlen ist, desto sicherer wird das Unternehmen als Ganzes und kann seine Risiken in Entscheidungssituationen entsprechend minimieren.

Es empfiehlt sich, die ermittelten Kenndaten nach folgenden Kriterien zu ordnen:

Beschreibende Daten, wie z. B. Anzahl der Mitarbeiter; Budget; Ressourceneinsatz; Materialverbrauch; Investitionsbedarf; Art und Umfang der Tätigkeiten; Zeitbedarf.

Leistungsbezogene Daten, wie z. B. Anzahl der Tätigkeiten/Zeiteinheit; Optimierung von Durchlaufzeiten; Beseitigung von Verlustquellen; Verbesserung der Arbeitsqualität, Zeitaufwand für einzelne Tätigkeiten; Zeit für Kunden/andere Abteilungen/Mitarbeiter; wie viel Zeit hat die Abteilung für produktive Tätigkeiten, und wie viel Zeit geht für unproduktive Dinge verloren?

Wirkungsbezogene Daten, wie z. B.: Was kommt bei den Tätigkeiten heraus: Kundenzufriedenheit, Kostensituation, Mitarbeiterzufriedenheit? Welche beabsichtigten/unbeabsichtigten Folgen entstehen? Fördern oder hemmen die eigenen Tätigkeiten andere Bereiche?

Jede Abteilung, die sich mit der Erarbeitung ihrer Kenndaten beschäftigt, wird die Erfahrung machen, dass der Anfang nicht leicht ist. Je intensiver man sich damit beschäftigt, desto anschaulicher und präziser werden die Zahlen und Statistiken und um so wirkungsvoller kann dann mit ihnen gearbeitet werden.

Die folgenden Kenndaten und Kommentare sind als Anhaltspunkte für das eigene Nachdenken gedacht. Grundsätzlich gilt, dass diejenigen Kenndaten die besten sind, die zum Nachdenken und Handeln anregen. Das sind meist solche, die eine unmittelbar verständliche Aussage liefern.

Besondere Aussagekraft erhalten Kenndaten als grafische Darstellung über Zeiträume. Kenndaten können dargestellt werden als absolute Größe (z. B. 130 Mitarbeiter). Aussagefähig werden Kenndaten jedoch erst durch einen Vergleich mit oder den Bezug auf eine andere Größe (vergleichbare Wettbewerber/Betriebe/Kunden oder Zeitperiode (Jahr/Monat/Tag/Stunde) bzw. Verknüpfung mit einer anderen Größe (Umsatz pro Mitarbeiter) oder Abweichung zu einer Vorgabe oder einem Plan).

Hier nur einige Beispiele für einzelne Unternehmens- und Verantwortungsbereiche (ohne Anspruch auf Vollständigkeit):

1. Unternehmen und Betriebswirtschaft
Umsatz-/Absatz-/Produktionsmenge pro Jahr/Monat/Woche/Tag
Umsatz-/Absatz-/Produktionsmenge im Vergleich (Vorjahr/Plan/Vorperiode)
Betriebsergebnis in Prozent vom Umsatz
Kapitalrendite (bezogen auf Eigenkapital/betriebsnotwendiges Kapital)
Standortkosten in Prozent vom Umsatz
Deckungsbeitrag in Prozent vom Umsatz
Verhältnis variable Kosten zu Fixkosten
Verhältnis Material- zu Personalkosten
Kapitalbindung in Prozent vom Umsatz
Abweichung von Plan- zu Ist-Daten

2. Produktmanagement und Produktentwicklung
Kostenstruktur des Produktes/der Dienstleistung
Vertriebs-/Entwicklungs-/Absatzförderungskosten in Prozent vom Umsatz
Anzahl/Wert der Aufträge pro Monat/Kunde/Produktkategorie
Verhältnis Umsatz zu Herstellkosten
Anzahl Reklamationen pro Produkt/Zeitperiode
Anzahl produktbezogene Reklamationen pro Periode/100.000 qm/Stück
Anzahl organisationsbezogener Reklamationen pro Anzahl Aufträge
Reklamationskosten pro Artikel/Kunde/100.000 qm/Stück

3. Vertrieb, Bestandsmanagement und Logistik
Umsatzanteil pro Kunde/Kundengruppe
Marktanteil pro Absatzkanal/Zielgruppe/Land/Region
Vertriebsverwaltungskosten pro Jahr/Kunde/100 T€ Umsatz
Auftragsbearbeitungskosten pro Jahr/Monat/Kunde/Umsatz
Zeitaufteilung in Prozent pro Kunde/Artikelgruppe/Arbeitsbereich
Messekosten in Prozent vom Umsatz
Musterkosten in Prozent vom Umsatz
Werbekosten in Prozent vom Umsatz
Bestandsmenge pro Artikel/Lagerort
Lagerkosten/Transportkosten pro Jahr/Monat/Artikel/Region
Versandmenge pro Tag/Land/Kunde/LKW/Produktgruppe
Versandkosten pro Land/Verkaufsbüro/100.000 qm/Stück
Lagerumschlagshäufigkeit pro Artikel/Artikelgruppe
Lager-/Kommissionierkosten pro Artikel/Artikelgruppe/Tag/Monat

Anhang für die Praxis 119

4. Produktion und Instandhaltung
Gefertigte Menge pro Maschine/Mitarbeiter/Lohnstunde und pro Zeitperiode
Rüstzeit pro Maschine/100.000 qm/Stück
Rüstkosten pro Maschine/100.000 qm/Zeitperiode
Nacharbeitskosten pro Produkt/Monat
Kapazitätsauslastung in Prozent der verfügbaren Kapazität
Mengenausbringung pro Tag/Woche/Monat
Materialeinsparung pro Artikel/100.000 qm/Jahr/Produktgruppe
Energieverbrauch/-kosten pro Jahr/Monat/Standort/100.000 qm/Stück
Energieeinsparung pro Betrieb/Anlage/Standort
Instandhaltungskosten pro Anlage/Standort/Artikelgruppe
Ausschussquote/-kosten pro Anlage/Artikel/Mitarbeiter

5. Mitarbeiter, Organisation und Wirtschaftlichkeit
Personalkosten in Prozent der Herstell-/Verpackungs-/Vertriebskosten
Altersstruktur der Mitarbeiter
Ausfallkosten durch Krankheit/Urlaub pro Standort/Land
Ausbildungskosten pro Mitarbeiter/Jahr
Abteilungskosten in Prozent von Bereichskosten/Umsatz/Herstellkosten
Bürokosten pro Mitarbeiter
EDV-Kosten pro Mitarbeiter/100.000,- € Umsatz/Gesamtleistung
Auswirkung von Maßnahmen (Umsatzsteigerung durch Produktneueinführung)
Industriekundenbetreuung; Ausschussreduzierung durch neues Qualitätsüberwachungssystem; Produktivitätssteigerung durch Maschineninvestition; Zeitersparnis durch Kommunikationsverbesserung
Zeit für Sitzungen pro Monat/Woche
Anzahl Verbesserungsvorschläge pro Mitarbeiter/Jahr
Anzahl geschriebene/übersetzte Seiten pro Tag/Stunde

Leistungskennzahlen müssen messbar sein, damit das zu erwartende Ziel/Ergebnis auch wahrnehmbar wird. Nur Messen des aktuellen Ist-Zustandes erlaubt ein kontrolliertes Steuern bzw. Verändern der bestehenden Position. Und letztlich müssen die Mitarbeiter die Kennzahlen verstehen!

3 Vorbereitung zur Erfolgsplanung (Praxisbeispiel)

Anhand eines Beispiels aus eigener Praxis, dem Vertriebsleiter Fertighausverkauf, wollen wir Ihnen zeigen, welche nützlichen Denkprozesse mit Hilfe des Erfolgsplanungssystems in Gang gesetzt werden.

Ausgangspunkt der Überlegungen sind die Verantwortungsbereiche der Vertriebsleitung. Die Vertriebsleitung ist verantwortlich für

1. Verkaufsplanung
2. Erreichung der geplanten Ziele
3. Wirtschaftlichkeit des Vertriebs
4. Kundenkontakte
5. Mitarbeiter, Kommunikation, Organisation
6. Berichterstattung
7. Sonderaufgaben

Darauf aufbauend stellt sich der Verkaufsleiter die folgenden Fragen und beantwortet sie seinem Wissen entsprechend:

1. Kann ich meine Verantwortungsbereiche durch Kennzahlen charakterisieren?
   - Anzahl Bestellungen mit/ohne Keller
   - Umsatzergebnisse Haus/Keller
   - Zielerreichung Stück/Umsatz
   - Stornoquote
   - Anzahl der Interessenten pro Fachberater (FB)
   - Kosten pro Standort/FB
   - Ergebnis pro Standort/FB aus Vor-/Nachkalkulation

2. Mit welchen Kennzahlen steuere ich meinen Bereich?
   - Anzahl Bestellung mit/ohne Keller
   - Umsatzergebnisse Haus/Keller
   - Stornoquote
   - Anzahl der Interessenten pro Fachberater (FB)
   - Kosten pro Standort/FB
   - Ergebnis pro Standort/FB
   - Anteil Bestellung mit Vorbehalten (Baureife Häuser)
   - Baugenehmigungszahlen in der Region

Anhang für die Praxis 121

3. Was sind meine wichtigsten Ziele zu den Verantwortungsbereichen im kommenden Jahr?
Verkaufsplanung
- schriftliche Zielvereinbarung mit den einzelnen Fachberatern (FB)
- monatlich Ergebnisse mit FB überprüfen

Erreichung der geplanten Ziele
- monatliche Ergebnisanalyse mit FB; bei Unterschreitung Gegenmaßnahmen erarbeiten und durchführen
- Steigerungspotenziale erkennen und fördern
- Beobachtung der regionalen Baugenehmigungen mit Vergleich zu unserem Ergebnis

Wirtschaftlichkeit des Vertriebs
- Standort-Kostenbetrachtung je Quartal
- Werbekostenbetrachtung je Quartal
- Vor- und Nachkalkulation der Bauvorhaben pro FB

Kundenkontakte
- Weitere Unterstützung der FB bei AKM-Nutzung (Adress-Korrespondenz-Modul)
- Überprüfung der neu eingehenden Interessentenzahlen je Zeitraum
- Überprüfung der Bearbeitungsstände im AKM
- Regionale Belegung von Baumessen
- Regionale Verkaufsförderungsmaßnahmen (Kundenhäuser, Aktionen etc.)
- Info-Veranstaltungen am Ort der Musterhäuser/nach Bau-Messen
- Empfehlungsgeschäfte (Neukunden, Altkunden)

Mitarbeiter, Kommunikation, Organisation
- Neustrukturierung der Einschulung neuer FB
- Individuelle Weiterbildung der FB
- Unterstützung der FB bei Nutzung der Software für Angebotserstellung
- Unterstützung der Kunden-Service-Center-Organisation (KSC)
- Unterstützung bei Optimierung der Kundenorientierung (Ansprache, Kommunikation und Wertschätzung)

Berichterstattung
- Abstimmung mit FB wegen monatlicher Berichterstattung an Vertriebsleiter

Sonderaufgaben
- Mitarbeit im Haus-Entwicklungsteam

4. Welche Art von Zielen setze ich meinen Fachberatern?
   - Anzahl Bestellungen mit/ohne Keller
   - Umsatzergebnisse Haus/Keller
   - Stornoquote
   - Anteil Bestellung mit Vorbehalten
   - Bestellungen in Relation zu Baugenehmigungszahlen
   - Anzahl der Interessenten pro FB/Monat
   - Anzahl der Gespräche pro FB/Monat

5. In welcher Form beziehe ich meine Fachberater in die Planung ein?
   - Umsatz
   - Stückzahlen
   - Kelleranteil
   - Einhaltung der Werbekosten
   - Darstellung der Kosten pro Standort/FB („Profit-Center")
   - Darstellung der Ergebnisse pro FB

6. Welchen Beitrag leiste ich zum Marketingplan?
   - Vertriebsinput an Marketing und Hausentwicklungsteam
   - FB für stärkere Nutzung von AKM gewinnen (nicht nur Adressverwaltung)
   - Wettbewerbsbeobachtung (Musterhäuser, Aktionen, Werbung)
   - Weiterleitung von Trends und Neuigkeiten der Branche (u. a. Newsletter)

7. Welche Verkaufsförderungsmittel setze ich ein?
   - Teilnahme an Bau-Messen
   - Durchführung von vier Info-Veranstaltungen im Kunden Service Center (KSC)
   - Kundenhaus-Besichtigungen während der Bauphase
   - Einsatz von Grundstücksmaklern
   - Grundstückswerbung
   - Info-Veranstaltungen am Ort der Musterhäuser/nach Bau-Messen mit externen Fachreferenten
   - Stärkere Aktivierung der Kunden als Empfehlungsgeber
   - Stärkere Einbindung qualifizierter Finanzierungsberater

8. Was hält mich ab, doppelt so viele Häuser zu verkaufen wie jetzt?
   Grundsätzlich nichts! Voraussetzungen hierfür u. a.:
   - Ausweitung der Standorte
   - Erhöhung der Fachberater-Anzahl in der Region
   - Erhöhung der Werbeaktivitäten/Anzeigenschaltungen
   - Fachberater: Deutliche Konzentration nur auf Verkauf
   - Vereinfachung der Abläufe (Preisfindung bei Angebot)
   - Forcierung von Teambildungen der Top-FB
   - Intensivierung der Fachberater-Betreuung
   - Kürzere Reaktionszeiten, um individuelle Kundenwünsche zu erfüllen
   - Schulung aller Kolleginnen und Kollegen, die im Kundenkontakt stehen
   - Produkt-Weiterentwicklung
   - Optimierung in Einkaufspolitik: dadurch Weitergabe von Vorteilen an Kunden
   - Angebotserstellungs-Center für neue FB bzw. Mitarbeiter, die mehr verkaufsorientiert arbeiten und eine Hemmschwelle bei PC-Bearbeitung haben
   - Bessere Verzahnung von Haus und Keller (Angebot/Abwicklung/Rückfragen)
   - Begeisterung im gemeinsamen Tun!

9. Wie verfolge ich den Stand der Zielerreichung?
   - über KSC-Liste
   - tagaktuell über Zielerreichung pro FB/in Region
   - Monatsvergleiche
   - Zwei-Jahresvergleich Umsatz/Stückzahl

10. Wie oft bespreche ich mit meinen Fachberatern den Stand der Zielerreichung?
    - Alle vier Wochen, wenn Zielerreichung nicht ca. 100 Prozent
    - mit Abstimmung von Maßnahmen in Abhängigkeit vom Grad der Zielerreichung

11. Welche Fachberater tragen am meisten zu meiner Zielerreichung bei?
    - Herr S. (Standort A), Herr B. (Standort B), Herr R. (Standort C), Frau F. (Standort D) etc.

12. Wovon hängt meine Zielerreichung im Wesentlichen ab?
    - Kontinuität dieser Top-Fachberater
    - Zukünftige Erfolge der „zweiten Reihe"
    - Forcierung der schwachen Standorte

13. Von wem bin ich abhängig?
    - Von allen FB, die Ziel erreichen oder überschreiten
    - Zusammenarbeit mit KSC und Marketing

14. Wer ist von mir abhängig?
    - Alle FB, die Unterstützung benötigen
    - Marketing für Vertriebsinput

15. Wie verfolge ich den Fortschritt von Bauvorhaben?
    - Überprüfung Eingang der ersten Rate als wichtiges Kriterium
    - Quartalsweise Betrachtung von Stornoanteil und Rücktritten
    - monatliche Abstimmung im KSC
    - hieraus resultierend: konkretes Nachfassen bei Verträgen
    - mit dem Ziel der Aktivierung bzw. Bestandsbereinigung

16. Wie setze ich welche Werbemittel ein?
    - Kostengünstige Werbemittel als Unterstützung für
    - Messeaktivitäten
    - Kundenhaus-Besichtigungen
    - Veranstaltungen im KSC
    - Aktionen an den Standorten

17. Kenne ich die Kosten meines Vertriebsbereichs?
    - Informationen durch Controlling
    - SAP-Grundeinstieg erhalten
    - Aktuell: Kosten pro Standort (laufendes Jahr zu Plan und Vorjahr)

18. Kenne ich den Ergebnisbeitrag meines Vertriebsbereichs?
    - Ja, aus dem Vergleich von Vor- und Nachkalkulationen

19. Habe ich Wirtschaftlichkeitskennzahlen pro Fachberater/Standort?
    - Kosten pro Standort/Fachberater bekannt
    - Vor- und Nachkalkulation

Anhang für die Praxis

20. Weiß ich etwas über die Wirksamkeit meiner Verkaufsförderungsaktionen?
    - Messbar bei Veranstaltungen wie „Tag der offenen Tür" im KSC
    - Persönliche Informationen durch FB (z. B. Aktion Haus-Montage, Kundenhausbesichtigungen, Fachmessen)
    - Kontrollmöglichkeit in AKM

21. Ab wann ist die Leistung eines Fachberaters für mich wirtschaftlich ungenügend?
    - wenn Zielerreichung Umsatz kontinuierlich unter 50 Prozent der Erfolgsplanung liegt
    - wenn Verhältnis Bestellung zu baureifem Haus kontinuierlich unter 50 Prozent liegt
    - wenn Verhältnis Kosten pro FB/Standort im Vergleich zum Ergebnis negativ ist

22. Wie komme ich zu einer ausreichenden Zahl von Interessenten?
    - Durch regionale und überregionale Werbung, Aktionen, Messen und Präsenz im Musterhaus

23. Was weiß ich über die Kundenkontakte meiner Fachberater?
    - Kontinuierlicher Kontakt zu FB
    - Aktivitäten-Verfolgung in AKM
    - Monatsberichte

24. Nach welchen Gesichtspunkten wähle ich meine Fachberater aus?
    - Basis: Initiativ-Bewerbungen bzw. Stellenausschreibungen
    - Persönlicher Ersteindruck („so wie unser Kunde auch entscheiden würde")
    - Zuverlässigkeit bei Kommunikation/Terminwahrnehmung
    - Bisherige Tätigkeiten/Qualitäten/Fähigkeiten
    - Verkaufserfahrung, in Hausbau-Branche

25. Nach welchen Gesichtspunkten wähle ich Standorte aus?
    - regionale Baugenehmigungszahlen
    - Kaufkraft-Kennziffern
    - Vorhandenes oder neues Personal mit entsprechendem Umfeld

26. Welcher Fachberater arbeitet mit unbefriedigendem Ergebnis?
    - Herr B. (Standort F), Frau K. (Standort H), Herr N. (Standort B)

27. Welche Auswechslungen möchte ich vornehmen?
    - Siehe Punkt 26: Entsprechende Fristen wurden gesetzt.

28. Wie unterstütze ich meine Fachberater?
    - Unterstützung bei Angebots- und Zeichnungserstellungen/Produkt
    - Fachliche Unterstützung im Unternehmen koordinieren
    - Abstimmung und Organisation von Verkaufsaktionen
    - Koordination von Unterstützung bei AKM, DV-Software, Produkt
    - Koordination und Überwachung von Anzeigenschaltungen
    - Unterstützung bei aktuellen Bauvorhaben/Koordination im KSC
    - Aktive Unterstützung vor Ort oder telefonisch beim Abschlusstermin

29. Wie viel Zeit verwende ich auf meine Fachberater? Nach welchen Gesichtspunkten tue ich das?
    - 50 Prozent für Top-FB
    - nach Dringlichkeit der Aufgabenstellung und Erfolgswahrscheinlichkeit bzw. grundsätzliche Unterstützung bei neuen FB

30. Wie viel Zeit verwende ich auf die Abstimmung mit dem KSC?
    - ca. fünf Std. pro Woche für aktuelle Dinge im Tagesgeschäft
    - Zusätzlich ein Tag pro Monat für KSC-Meeting

31. Was tue ich zur Verbesserung der internen Kommunikation und Zusammenarbeit?
    - Einsatz als „Interpreter" zwischen Außen- und Innendienst (Teamgedanken vertiefen!)
    - Zusammenarbeit und intensive Kommunikation mit Kundenbetreuung
    - Grundsätzlich: Positive Entwicklung im KSC, vor allem zu KSC-Leitung, Kundenbetreuung, Detailbesprechung und Marketing
    - Optimierungspotenzial: Ausführung/Technik

Anhang für die Praxis 127

32. Welchen Aus- und Weiterbildungsbedarf habe ich?
    - SAP-Nutzung
    - AKM (um Funktionen als Steuerungsinstrument noch besser zu nutzen)
    - Zeitmanagement (wichtiges persönliches Ziel für das kommende Jahr)

33. Welchen Aus- und Weiterbildungsbedarf haben meine Fachberater?
    - teilweise: Bedarfsermittlung
    - teilweise: Nutzung Angebots-Software
    - AKM (weitergehende Kenntnisse)
    - Verkaufstraining
    - Powerpoint (für Angebotspräsentationen)

34. Welche Berichte fertige ich an?
    - Monatliche Ergebnis-Berichte Soll/Ist für Haus und Keller

35. Welche Berichte erhalten ich von meinen Fachberatern?
    - ständig persönliche Berichte oder Berichte per Mail

36. Habe ich Sonderaufgaben angenommen?
    - Haus-Entwicklungsteam

37. Wie viel Zeit verwenden Sie auf diese Sonderaufgaben?
    - Haus-Entwicklungsteam 2-3 Tage/Monat

4 Die Abteilungs-Erfolgsplanung

Ein wesentliches Element der Erfolgsplanung ist das Prinzip „Alle wissen Bescheid". Wir betonen das aus gutem Grund. Zu lange wurde hierzulande nach dem umgekehrten Grundsatz verfahren, wonach der Einzelne „nicht alles zu wissen" brauchte. Das ist aber heikel. Erst wenn jemand eine Vorstellung von der Funktionsweise des gesamten Unternehmens hat, kann er seine Arbeit richtig machen. Erst wenn ein Mitarbeiter weiß, welche Schritte vor und nach seiner Tätigkeit erfolgen, kann er die eigenen verbessern. Erst wenn er über neue Entwicklungen am Markt informiert ist, kann er sein Wissen sinnvoll einsetzen. Das notwendige Prinzip der Arbeitsteilung darf letztlich nicht dazu führen, dass jeder sein Aufgabengebiet verteidigt, jeder ein Spezialist ist und es nicht nötig hat, sich von irgendjemand irgendetwas sagen zu lassen. Vielmehr sollten die Abteilungen unvoreingenommen einander Vorschläge machen, was besser gemacht werden kann und in regelmäßigen Abständen in Besprechungen klären, was sich umsetzen lässt. Nur so wissen am Ende alle Bescheid, ohne dass die notwendigen Informationen mühsam und manchmal auch gegen große Widerstände anderer Abteilungen zusammengesucht werden müssen.

Methodisch ist es sinnvoller, zunächst mit den Mitarbeitern eine „Zielstruktur für das Ganze" (Abteilungsziele) festzulegen. Dies kann mit Hilfe des folgenden Phasen-Schemas geschehen.

Phase	Methode
1. Definition von Verantwortungsbereichen • Beschreibung der Verantwortungsbereiche durch Kennzahlen	Gruppenarbeit
2. Grob-Prozessanalyse Leistungsprozess des Bereiches	Gruppenarbeit
3. Ermittlung Kennzahlen auf dem Leistungsprozess	Gruppenarbeit
4. Ermitteln der Verbesserungspotenziale auf dem Leistungsprozess	Gruppenarbeit
5. Festlegung von Zielen/Projekten • Festlegung der Veränderung/Anpassung der Leistungskennzahlen • Begründung der Ziele • Bezug auf die Unternehmens-/Bereichs-Strategie	Gruppenarbeit
6. Planung konkreter Maßnahmen Mögliche Differenzierungsfelder • Preis/Leistung • Folgekosten • Lieferservice • Umfeldeinflüsse • Ressourcen • Herstellungsverfahren • Vermarktungspotenziale	Einzelarbeit

Anhang für die Praxis 129

Demnach ist der Einstieg in die persönliche Erfolgsplanung seitens der Mitarbeiter dann gegeben, wenn die Rahmenbedingungen geklärt sind.

Am Ende sollte dann eine Überprüfung stattfinden, ob die Abteilungs-Erfolgsplanung insgesamt durchdacht und stimmig ist. Dies umfasst vor allem die folgenden Punkte:

1. Überprüfen der Verantwortungsbereiche und Funktionsbeschreibungen
   - soweit erforderlich in Gruppenarbeit Änderungen/Neudefinition durchführen
   - Abteilung/Bereich/Funktion
   - Mitarbeiter

2. Überprüfen der Charakterisierung der Verantwortungsbereiche durch Kennzahlen
   - soweit erforderlich in Gruppenarbeit Änderungen/Neudefinition durchführen
   - Abteilung/Bereich/Funktion
   - Mitarbeiter

3. Festlegen von Leistungszielen
   - quantitative
   - qualitative

4. Ermitteln der Chancen/Risiken bzw. der fördernden und hemmenden Faktoren

5. Definition konkreter Maßnahmen zu 3.

6. Überprüfen der Zielerreichung, ggf. Anpassung der Erfolgsplanung
   - quartalsweise, monatlich in Abteilungsbesprechungen
   - 1/2-jährlich für die leistungsbezogene Vergütung

7. Erstellen eines jährlichen Erfolgsberichtes

Ob die Erfolgsplanung für das Unternehmen als Ganzes zu einem Erfolg wird, hängt davon ab, inwiefern es gelingt, die Erfolgsplanung für alle transparent und verständlich zu machen. Auch ist eine klare Prioritätensetzung im Unternehmen notwendig, die konkurrierende Ziele einzelner Bereiche weitestgehend ausschließt und Zielkonflikte vermeidet.

130　　　　　　　　　　　　　　　　　　　　Die Abteilungs-Erfolgsplanung

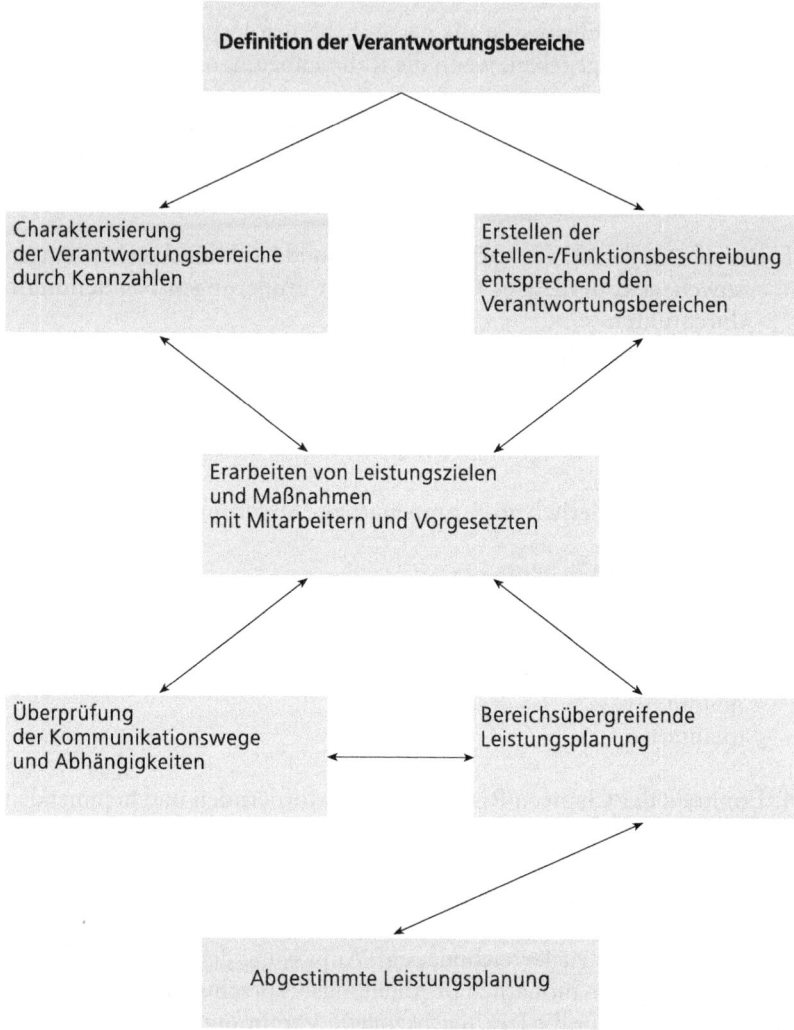

Abb. 11: Schema zur Erstellung der Erfolgsplanung

Insgesamt soll aus diesem Modell klar hervorgehen, dass das „Geschäft" die Organisation führt und im Mittelpunkt aller Handlungen steht.

Knapp kommentiertes Literaturverzeichnis

Unser Literaturverzeichnis ist knapp gehalten. Es orientiert sich an den Schwerpunkten unseres Buches sowie an der Überlegung, was dem Leser weiterhelfen oder wofür er sich interessieren könnte.

Wer sich für systemtheoretische und ganzheitlich-evolutionäre Gedanken sowohl allgemein als auch zu Unternehmensführung und Management interessiert, wird fündig beispielsweise bei:

GOMEZ, P./PROBST, G. J. B., Vernetztes Denken im Management. Die Orientierung Nr. 89, Bern 1987.

HEJL, PETER M., Konstruktion der sozialen Konstruktion, Grundlinien einer konstruktivistischen Sozialtheorie (S. 109-146) in: Einführung in den Konstruktivismus, Piper, München 2003.

KÖNIGSWIESER, R./LUTZ, CH. (Hrsg.), Das systemisch evolutionäre Management. Der neue Horizont für Unternehmer. Wien 1990.

KNYPHAUSEN, D., Selbstorganisation und Führung. Systemtheoretische Beiträge zu einer evolutionären Führungskonzeption. In: Die Unternehmung, Jg. 45, 1991, Nr. 1, S. 47-63.

LÜTGE, CH./VOLLMER, G., Lernen aus der Sicht der Evolutionären Erkenntnistheorie. In: Wieselhuber & Partner, Handbuch Lernende Organisation. Gabler, Wiesbaden 1997.

MATURANA, H. R., Biologie der Realität, Suhrkamp, Frankfurt a. M. 1998.

SERVATIUS, H.-G., Vom Strategischen Management zur Evolutionären Führung. Schäffer-Poeschel, Bern 1991.

SCHMID, B., Der systemische Ansatz in Training und Beratung. Trainer Kontakt Brief Nr. 30, März 2000.

SCHWANINGER, M., Management-Systeme. Campus, Frankfurt a. M. 1994.

VESTER, FREDERIC, Die Kunst vernetzt zu denken. dtv, München 4. Aufl. 2004.

WILLKE, HELMUT, Systemtheorie I. Grundlagen. Lucius & Lucius, UTB, Stuttgart 6. Aufl. 2000.

WILLKE, HELMUT, Systemtheorie II. Interventionstheorie. Lucius & Lucius, UTB, Stuttgart 4. Aufl. 2005.

Wer sich für Literatur interessiert, die sowohl theoretisch erläutert als auch praktische und pragmatische Hinweise, Anleitungen, Fallbeispiele und Übungen für die Reflexion der eigenen Persönlichkeit, Mitarbeiterführung und Kommunikation gibt, wird beispielsweise fündig bei:

BERKEL, KARL/LOCHNER, DORETTE, Führung: Ziele vereinbaren und Coachen. Vom Mit-Arbeiter zum Mit-Unternehmer. Beltz, Weinheim, Basel 2001.

DÖRNER, DIETRICH, Die Logik des Misslingens. Rowohlt, Reinbek/Hamburg 1989.

DOPPLER, KLAUS, Der Change Manager. Sich selbst und andere verändern – und trotzdem bleiben, wer man ist. Campus, Frankfurt a. M. 2003.

DRUCKER, PETER, F., Die postkapitalistische Gesellschaft, Econ, Düsseldorf, Wien, New York 1993.

LOEBBERT, MICHAEL, The Art of Change. Von der Kunst, Veränderungen in Unternehmen und Organisationen zu führen. Rosenberger, Leonberg 2006.

MAHLMANN, REGINA, Erfolgreich als Führungskraft. Eigene Stärken erkennen, entwickeln und nutzen. Beltz, Weinheim, Basel 2000.

MAHLMANN, REGINA, Selbsttraining für Führungskräfte. Ein Leitfaden zur Analyse der eigenen Führungspersönlichkeit und eine Anleitung zum „persönlichen Change Management". Beltz, Weinheim, Basel 1998, 2. Aufl. 2001.

MAHLMANN, REGINA, Einzel-Coaching. Kompetenz entwickeln. Beltz, Weinheim, Basel 2001.

MAHLMANN, REGINA, Konflikte managen. Psychologische Grundlagen, Modelle und Fallbeispiele. Beltz, Weinheim, Basel 2. Aufl. 2001.

MAHLMANN, REGINA, Führungsstile flexibel anwenden. Mitarbeiterorientiert, situativ und authentisch. Beltz, Weinheim, Basel 2002.

MALIK, FREDMUND, Führen, Leisten, Leben. Deutsche Verlags-Anstalt, Stuttgart 2003.

NERDINGER, FRIEDEMANN, W., Erfolgreich führen. Grundwissen, Strategien, Praxisbeispiele. Beltz, Weinheim, Basel 2000.

NEUBERGER, OSWALD, Führen und Führen lassen. Lucius & Lucius, UTB, Stuttgart 6. Aufl. 2002.

TICHY, NOEL M., The Cycle of Leadership, Harper Collins Publishers, 2004.

NORTH, KLAUS, Wissensorientierte Unternehmensführung: Wertschöpfung durch Wissen. Gabler, Wiesbaden 3. Aufl. 2002.

OETKER, AREND (Hrsg.), Mittelstand in Zeiten struktureller Umbrüche, C. H. Beck, München 1997.

PELZ, BERND F., HÖRNER, HARALD, OTT, WOLFRAM, Leistungsplanung, Landsberg/L. 1999.

REASON, JAMES, Menschliches Versagen, Spektrum, Heidelberg 1994.

Zu den Autoren

 Dr. Bernd F. Pelz, Jg. 1944, ist seit 2002 Vorstandsvorsitzender der Kampa AG, Minden. Seinen beruflichen Werdegang begann der promovierte Mikrobiologe 1973 als Leiter Umwelt- und Verbraucherschutz sowie Produktentwicklung bei der Procter & Gamble GmbH. Anschließend wurde er Direktor Forschung und Entwicklung der R. J. Reynolds Tobacco GmbH, wo er 1985 Mitglied der Geschäftsführung wurde. 1986 wechselte er in den Vorstand der Pelikan AG für Produktion und Technik, 1989 wurde er Vorstandssprecher. Ab 1990 war er Vorstand Technik für alle Sparten bei der Armstrong DLW AG. Dort übernahm er 1991 den Vorsitz. 1998 wurde er President der Armstrong DLW Europa. Seit 2000 bis zu seinem Wechsel zur Kampa AG war Dr. Pelz Senior Consultant im Institut für marktorientierte Unternehmensführung, Ettlingen.

Dr. Pelz' Erfahrungsspektrum umfasst neben langjähriger Ergebnisverantwortung in verschiedenen Ressorts vielfältige unternehmerische Herausforderungen: Betriebsgründungen, Betriebsschließungen, Joint-Venture in Indien und Russland, Fusionen, Integrationen, Restrukturierungen, Betriebsaufspaltungen und -umwandlungen, sowie Unternehmenskäufe und -verkäufe. Hinzu kommt Erfahrung in verschiedenen Gremien von Arbeitgeber- und Industrieverbänden und der Börse, sowie Aufsichtsratstätigkeit in Deutschland, Holland und Spanien.

Kontakt: www.erfolgplanen.com, www.wollen-wissen-koennen.de

Dr. Regina Mahlmann, Jg. 1959, war bis 1990 an unterschiedlichen Universitäten wissenschaftlich tätig. Promotion an der Fakultät für Soziologie der Universität Bielefeld. Nach einigen Jahren Beratungstätigkeit in St. Gallen arbeitet sie inzwischen als selbstständige Trainerin und Beraterin, Referentin und Coach in der Bundesrepublik Deutschland, Schweiz und Österreich. Vor dem Hintergrund systemtheoretischen, konstruktivistischen Denkens und neurowissenschaftlicher Erkenntnisse liegt der Fokus von Frau Dr. Mahlmanns Arbeit darin, Unternehmen in Veränderungsprozessen zu begleiten und dabei besonders Erkenntnisse aus den folgenden Themengebieten anzuwenden: soziale und emotionale Kompetenz, Persönlichkeitsarbeit und Konfliktkompetenz, Führung und Unternehmenskultur.

Die Soziologin und Philosophin berät bei der Erstellung von Vorträgen und Publikationen und ist erfolgreiche Autorin zahlreicher Artikel und Bücher, u. a. „Einzel-Coaching. Kompetenz entwickeln" (2001), Konflikte managen" (2. Aufl. 2001), „Selbsttraining für Führungskräfte (2. Aufl. 2001), „Führungsstile flexibel anwenden" (2002).

Kontakt: www.dr-mahlmann.de.

.izenz zum Wissen.

chern Sie sich umfassendes Wirtschaftswissen mit Sofortzugriff
f tausende Fachbücher und Fachzeitschriften aus den Bereichen:
anagement, Finance & Controlling, Business IT, Marketing,
iblic Relations, Vertrieb und Banking.

:klusiv für Leser von Springer-Fachbüchern: Testen Sie Springer
r Professionals 30 Tage unverbindlich. Nutzen Sie dazu im
:stellverlauf Ihren persönlichen Aktionscode C0005407 auf
ww.springerprofessional.de/buchkunden/

Jetzt 30 Tage testen!

Springer für Professionals.
Digitale Fachbibliothek. Themen-Scout. Knowledge-Manager.

- Zugriff auf tausende von Fachbüchern und Fachzeitschriften
- Selektion, Komprimierung und Verknüpfung relevanter Themen durch Fachredaktionen
- Tools zur persönlichen Wissensorganisation und Vernetzung

www.entschieden-intelligenter.de

pringer für Professionals

 Springer

The manufacturer's authorised representative in the EU is Springer Nature Customer Service Centre GmbH, Europaplatz 3, 69115 Heidelberg, Germany. If you have any concerns regarding our products, please contact ProductSafety@springernature.com

Printed and bound by CPI Group (UK) Ltd, Croydon, CR0 4YY

25/03/2026

02078216-0005